我 们 一 起 解 决 问 题

Have a New Teenager
by Friday

与青春期和解
如何解决青春期关键问题

[美] 凯文·莱曼(Kevin Leman) ◎著

凌春秀◎译

人民邮电出版社

北　京

图书在版编目（CIP）数据

与青春期和解：如何解决青春期关键问题 ／（美）
凯文·莱曼（Kevin Leman）著；凌春秀译. -- 北京：
人民邮电出版社，2023.10
ISBN 978-7-115-62402-4

Ⅰ. ①与… Ⅱ. ①凯… ②凌… Ⅲ. ①青春期－家庭
教育 Ⅳ. ①G782

中国国家版本馆CIP数据核字(2023)第141765号

内 容 提 要

青春期是每个孩子成长过程的关键期。步入青春期意味着孩子进入了激素分泌高峰期，随之而来的是生理与心理上的巨大变化，这促使很多孩子仿佛一夜之间变成了让父母感到异常陌生的"外星生物"。父母如何才能与青春期的孩子和谐相处？如何才能帮助孩子顺利度过这个充斥着惊涛骇浪的关键期？父母怎么做才能帮助青春期孩子成长为自律、有责任心、独立自主、有所作为的成年人？

在本书中，以擅长解决家庭、亲子、两性问题而闻名世界的凯文·莱曼博士结合自己几十年来为青少年家庭提供心理咨询的经验与养育5个子女的亲身经历，以他特有的诙谐犀利的写作方式，化身为家长们的智慧导师，对世界各地家长们在孩子处于激烈动荡的青春期时最关心的72个问题进行了一一分析，并给出了富有智慧的专业解答和建议。这些问题小到青春痘、翻白眼、做家务、睡懒觉，大到酗酒、盗窃、厌食症、暴食症、自残、自杀、手足相争，等等。本书将帮助教师、家长科学地运用心理学知识走进青春期孩子的内心世界，迅速且有效地重塑孩子的行为、态度和品格。

本书是教师、家长，以及心理咨询师、心理治疗师的重要参考书。

◆ 著　　　[美]凯文·莱曼（Kevin Leman）
　　　　译　　凌春秀
　　　责任编辑　曹延延
　　　责任印制　彭志环
◆ 人民邮电出版社出版发行　　　北京市丰台区成寿寺路 11 号
　　邮编 100164　电子邮件 315@ptpress.com.cn
　　网址 https://www.ptpress.com.cn
　　三河市中晟雅豪印务有限公司印刷
◆ 开本：720×960　1/16
　　印张：19　　　　　　　　　　2023 年 10 月第 1 版
　　字数：283 千字　　　　　　　2025 年 8 月河北第 14 次印刷
　　著作权合同登记号　图字：01-2022-6010 号

定　价：89.80 元
读者服务热线：（010）81055656　印装质量热线：（010）81055316
反盗版热线：（010）81055315

《与青春期和解》是一本所有父母都需要仔细品读的养育指南。它不仅能帮助父母了解青春期孩子的行为与内心世界，而且能给孩子更多支持，从容地陪伴孩子度过关键的人生阶段——青春期。

——韩布新　中国科学院心理研究所研究员，
中国科学院大学心理系岗位教授

这是一本送给家长的养育青春期子女的"葵花宝典"。本书作者凯文·莱曼博士针对养育青春期孩子的各种棘手问题，如拖延、不合群、说脏话，甚至抑郁、自伤等，给出了简洁、清晰、极具操作性的建议与方法。如果家长们愿意以真诚、尊重的态度去行动，想必收获的不仅仅是青春期孩子的健康成长，家长们也将变得更成熟、富有智慧！

——贾晓明　中国心理学会临床心理学注册工作委员会主任委员

青春期往往充满了压力、冲突与各种难题，父母要在这一过程中发挥举足轻重的作用。《与青春期和解》这本书为父母提供了科学的实践方法，它不仅能帮助父母理解青春期孩子的行为与内心世界，而且有助于引导父母与孩子携手应对青春期中的诸多挑战。

——蔺秀云　北京师范大学心理学部教授

　　莱曼博士的这本书以科学为基础，但主要却不是讲学术道理，而是给出了具体场景下的具体方法，既实用又有效。关键是，他没有把青春期孩子视为"问题"，而是视为有待成长的"宝藏"，父母的任务是支持孩子成长，而不是管教。相信这本书能帮助家有青春期孩子的父母，更好地把孩子培育为身心健康的成年人。

——赵昱鲲　清华大学社会科学学院积极心理学研究中心副主任

　　本书聚焦青少年成长中的 72 个常见棘手问题，以"一地鸡毛"的情境导入，生动描述了家长们的不同应对方式及其后果，同时提出了非常专业和实用的教育建议。我很愿意将此书推荐给家长、教师及为青少年服务的心理咨询师和心理治疗师。

——刘丽　山西大学心理学系教授

　　青春期是一个心理问题频发的时期，青春期孩子的家长往往觉得这个时期麻烦缠身。作者对青春期常见心理问题和亲子关系问题进行了细致、幽默的描述。作者通过"五天时间"的时间轴方式，给家长们"支招"，提供了倾听、保持冷静、降低标准、不对孩子说"应该"、尊重孩子、轮流讲话、自食其力等很多有效的方法。

——杜亚松　上海交通大学医学院附属精神卫生中心主任

　　青春期是生命最美的乐章，最鲜活的阶段，华彩明艳，璨若星河。父母在这一时期，当倍感欣喜，更应心怀敬畏地呵护与引领孩子，在这段生命升华之旅中，与孩子们一起豁达地体悟、享受生命。这本书提供了很多科学、实用的方法和建议，可以帮助家长顺利通过这门"人生必修课"。

——王良　"父母必读"公众号创始人

青春期是一个人成长过程中重要的塑造期和窗口期，在此期间孩子的身体、心理和大脑都在发生剧烈的变化，他们就像动力澎湃的汽车，但是其方向盘和刹车"不太灵"。在如何与青春期孩子有效沟通方面，本书给出了很多合理的建议和创新的做法，非常值得大家借鉴和参考。

——曹廷珲　中国家庭教育学会理事，知子花教育机构创始人

凯文·莱曼博士是享誉世界的心理学家，他在本书中以诙谐犀利的写作方法深入剖析了孩子在青春期可能会遇到的问题及其内在原因，尤为可贵的是他给出了应对这些问题的建议，可以帮助父母与青春期孩子建立良好的情感联结，培养出自律、有责任感、自信、有所作为的好孩子。这本书值得每位家长好好读一读。

——雷文涛　"有书"创始人

献给我的小甜饼，

又名劳伦、LB、洛妮、洛妮·贝丝、

莱曼家最后一个"在巢"的孩子

愿你美梦成真。我真的迫不及待地想看看你的人生能取得怎样的成就。

你对他人的同情，你对待工作的态度，你那外向友好的天性——更不用说你的可爱和迷人之处了——会让你达到了不起的高度。飞吧，我可爱的小天使，飞吧！

我爱你，

爸爸（以及妈妈）

致谢

感谢我的编辑拉蒙娜·克莱默·塔克（Ramona Cramer Tucker），她和我一样，对培养父母和青少年之间的健康关系充满热忱，她也是一位出色的母亲，她的孩子凯拉是我最喜欢的青少年之一。

感谢出版社的编辑朗尼·赫尔·杜邦（Lonnie Hull DuPont），面对我这样一位永远像个孩子一般的作者，她总是能够欣赏我的那些天马行空的创意。而且她也非常擅长让我"规规矩矩"。

还要感谢我的校对编辑杰西卡·迈尔斯（Jessica Miles），任何瑕疵都逃不过她的火眼金睛。

我告诉你，他们会变得越来越古怪

你才刚刚进入"大蜕变期"。

你身边有没有这样一个家伙：

- 吃麦片要用一个巨大的碗；
- 他① 的卧室看起来像个垃圾场；
- 出门前她要试穿三套衣服；
- 如果奥斯卡有个"翻白眼"奖，他一定当仁不让；
- 她最喜欢的"运动"就是顶嘴；
- 他的耳塞就像可以永远粘在耳朵上一样；
- 她可以一边看着《单身贵族》(*The Bachelor*)，一边听着最喜欢的音乐，一边写着家庭作业，一边像只疯狂的啄木鸟一样发信息；
- 有时候她会觉得你（她的家长）是这个世界上最愚蠢的生物。

恭喜你！这表明你家里有个十几岁正处于青春期的孩子。

生活再也不会和从前一样了（想来你已经知道了）。

---

① 在本书中为了使行文流畅交替使用"他"或"她"。

但它可以比你想象中的要好一点。

我保证。

这是不久前发生的事。当时我在机场正忙着脱鞋、解皮带，把几乎所有随身携带的东西都放进一个塑料箱里准备过安检。那天我碰巧带了两本自己写的书，于是我把它们用胶带捆在一起，也放进了塑料箱里。就在我顺利通过安检员的"魔杖"，正光着脚收拾地上的一堆东西时，身后传来了一声女人的惊呼："哇，凯文·莱曼博士！我太喜欢他了！"

我转过身来看着她。她正指着我塑料箱里的《与青春期和解》这本书。

"他的书太有用了，"她热情地说，"我的孩子们全是在他的帮助下养大的。"

我笑了笑说："嗯，我也挺喜欢他的。"

我本来打算就这么过去了，没想到她又皱了皱眉头，补充道："我很早以前就知道他的名字了。事实上，我都有点怀疑他是不是还活着。"

我想那最好还是老实交代吧。于是我指了指那本书说："其实，我就是'他'。"

她震惊得脸都快变形了，她紧接着说："你在开玩笑吧？"

我说："没有。"

她惊呼道："我的天哪！"

"我有 5 个孩子，其中一个孩子还是个高中生，"我告诉她，"我们在我妻子 42 岁、我 44 岁时生了一个孩子，在她 48 岁、我 50 岁时又生了一个。"

"好家伙，"她狡黠地点点头，"是为爱犯了错吧？"

"并不是，"我说，"两个孩子都很棒。"

我说的每个字都是认真的。

更让人开心的是，我已经成名很久了，而且还活得好好的，即使已经和我的孩子们一起，见证了 5 次青春期！

如果你拿起了本书，这表明你的孩子即将进入或已经进入了"大蜕变期"——不得不说，11 ~ 19 岁是一段奇怪得无以复加的关键期。之所以称之为"关键期"，是因为你的孩子在这几年的所作所为会影响他漫长的余生，而你（无论是身为父亲还是母亲）无法一直寸步不离地守护在他的身旁。

对于孩子的所作所为，你并不需要了如指掌。如果你对此心存疑问，不妨好好想一想。年少轻狂时你做过哪些疯狂的事情，现在仍会和朋友们津津乐道？你的哪些愚蠢的举动曾急得你的母亲内分泌失调，父亲的白头发多生了几根？你曾对父母隐瞒了多少事情，直到多年后危机早已过去，你才可以拿出来作为笑谈和他们分享？

养育青少年的 5 大要素

（1）富有幽默感；

（2）长远的目光；

（3）客观理智、心平气和；

（4）不纠结、不纠缠、顺其自然；

（5）一些缓解头痛的药和午休。

你根本就不需要别人来告诉你青春期是孩子会发生很大变化的几年，对吧？证据就在你眼前。你的宝贝长得比你想象得还要快。仿佛就在转眼之间，孩子的裤腿已经短得不像话了；孩子的胃口就像"无底洞"，吃多少都填不满；鞋子早已小得穿不下了；他们每天说东说西停不下来。有的孩子会大方地让父母拥抱他们，直到他们结婚为止。而有的孩子，明明小时候那么贴心可爱，这个时候别说拥抱了，如果是在他们的朋友面前，哪怕你只是做了一个想拥抱的动作，他们都会伸出手臂阻止你。还有，这个时候别忘了在外面要注意形象，也就是说，一起出门的时候，你最好远远跟在孩子后面，保持至少 3 米的距离，即使你们必须走在同一条人行道上。如果你让孩子在学校门口下车，让其他孩子看到了你那辆破旧的汽车，那可就如同触犯了"天条"。

> 在青少年的世界里，每个青春痘都堪比维苏威火山。

每个青少年都是那么特立独行，这就是青春期孩子的样子。今天晚上他讨厌的可能是鸡肉，明天晚上他又厌恶墨西哥卷饼了。要知道，对于一个十几岁的孩子来说，你做的晚餐永远不会是完美的，即使餐桌上摆的正是他一小时前"钦点"的菜。这是因为他的好恶变化得像风向一样快。

回想一下处于青春期的你自己——你的着装、发型以及经常挂在嘴边的话。按照我现在的眼光，过去的自己是这样的：留着一头油腻的发型，夸张的态度，嘴角吊儿郎当地叼着一支烟。耶，我真是太酷了！至少我过去就是这样告诉自己的。

当你看到自己的儿子那松松垮垮挂在胯骨上的裤腰时，不妨在脑海里回顾一下自己十多岁时的样子，这会让你用一种新的眼光去看待眼前这个男孩，说不定还会让你觉得他有点可爱。既然这样的穿法是种时尚，那你只要确保儿子有一些好看的平角短裤就行了，因为它们肯定会被展示给很多人看。

有一天，你的女儿会嘲笑照片中的自己，就像你嘲笑"那时候"的自己一样。她会向她的孩子形容自己曾痴迷过的那些可笑的穿搭风格和想法。但现在，她对自己世界的一切都是认真的。对青少年来说，生活不是一件可笑的事。所以，如果你真的觉得他们的样子很搞笑，我建议你在独处的时候笑，至少躲在厨房的角落里笑。在青少年的世界里，每个青春痘都堪比维苏威火山，每个令人尴尬的评论在他们心里产生的效果都是加倍的。来自同龄人的每一次侧目或白眼都代表了"我讨厌你"或"你是个失败者"，甚至可能毁掉那一天中最美好的时刻。他们的情绪在低落时会低到谷底，高涨时像激素激增一样飙升到顶点。这就是为什么大多数青少年的生活都如同在坐过山车一样。

> 这段时间会比沙漏里的沙子消失得还快，为什么不好好利用它呢？

你能为自己和子女做的最伟大的事情就是富有幽默感，因为在这些年里，他们的发展趋势将像地震中的地震记录一样——全是波浪形的、纵横交错的线条。你需要做一条半直线（注意，我没有说完美的直线），知道该如何让家庭保持平衡。你是那个保证他们正沿着大道前行的稳定向导，而不是盘旋在上方、监控着孩子一举一动的"直升机式家长"。事实上，在这段激素分泌旺盛的时期，你管得越多，就有可能使青春期孩子变得越叛逆，使其与你和你所支持的一切对立。

在养育青春期子女的过程中，有时候你要站在他们身旁，和他们肩并肩；有时候你要站在他们对面，与他们对立。为人父母者到底该怎么做呢？这本书将帮助你扮演好这个角色，帮助你为孩子整理好行囊，把他们在家里、学校和成年人的世界所需的东西（比如诚信正直、谨言慎行、尊重他人等）一一装好。你的孩子可能刚满 11 岁。如果是这样的话，那在你站在她大学宿舍前哭着和她道别之前，你还有 6 年多的时间。如果你的孩子已经 14 岁了，那你的时间就更少了。这段时间会比沙漏里的沙子消失得还快，为什么不好好利用它呢？这是最美的年华，也是你与孩子在一起的最好且最有趣的时光，前提是你明白自己的任务，并在这一路上保持平衡。

相信我，你一定会得到很多乐趣的！身为 5 个孩子的父亲，我不仅成功地见证了他们的青春期，而且乐在其中。现在我的家里还有一个最小的孩子——劳伦，所以我仍然处在这段令人兴奋的岁月中。事实上，就在几分钟前，我正在厨房的桌子旁写这本书，这时劳伦走了进来。

"爸爸，你在做什么？"她问。

"哦，在构思我的新书《与青春期和解》。"

劳伦瞟了我一眼，平静地说："嘿，我想在鼻子上穿个孔，让它和我的嘴连在一起。"

"不错啊，亲爱的，"我说，"我们今晚吃意大利面。"

劳伦转向我，眼睛里闪着光："哦，爸爸，那太好了。"

重点在于，家长们，你不必对一切都做出反应。你只需要保持你的幽默感，别小题大做。然后你也可以享受这些年，给自己留下很多回忆，将其当作家人之间津津乐道的谈资。

秘诀在于你如何打好手中的"父母牌"。

如果你认为，当孩子进入青春期后，你对他们就失去了影响力，那你就大错特错了。你依然留在赛场上，不但如此，你还变成了发号施令的教练。是的，时间在流逝，比赛可能会时不时地变得紧张激烈，但离结束的时间还

早着呢。下半场才刚刚开始，比赛如何结束由你说了算。如果你遵循本书提出的原则，你将知道自己该做什么以及什么时候做，你还将树立起自己的权威，获得孩子的尊重，为他们提供方向。

我向你保证，你会在 5 天（甚至更短）的时间内拥有一个焕然一新的青少年。他 / 她的态度会改变，行为会改变，性格也会变得让你喜欢——这种性格可能会持续终生。你的孩子会诚信正直，会谨言慎行，会尊重他人，会为你的家庭做出贡献。

秘诀在于你如何打好手中的"父母牌"。王牌就在你手上，因为你在孩子的人生中是如此重要，比你所认为的或他愿意承认的重要得多（至少在他上大学之前都是如此）。

一定要坚持到底，因为结果是值得的！为了给大家多一些鼓励，我在书中收录了一些"经验之谈"，它们是我从各位家长那里收集的小故事，他们都尝试过我提出的那些在现实生活中久经考验的原则。这些原则是我在研讨会、广播、电视节目、视频中谈到过无数次的，现在我把它们写进了这本书里。

那些家长现在脸上正挂着志得意满的笑容，很快你们也会这样微笑的。

如果你的孩子在星期一是个喜怒无常、口无遮拦的"小魔头"，不到 5天，他 / 她就会来到客厅对你说："妈妈，我能帮你做些什么吗？"

准备好大吃一惊吧！

你只需要确保自己正坐在一张软椅上就行了。

目录

莱曼博士答疑集锦

星期一

他以前很正常啊，现在是怎么了

孩子并不是在一夜之间变成"外星生物"的。父母该如何做出调整，与孩子一起迎接新生活？

你见过孕妇穿的写着"在建中的婴儿"（Baby under Construction）的T恤吗？这句话总是让我忍不住想笑，因为这句话说得太对了。毕竟，就算你现在还看不到他们那天使一般的脸庞，婴儿也在不断地被构造和生长。接着，孩子呱呱坠地，在人生的前10年里，你一直与他互动，教育他，爱他，管教他。

然后就是我所说的激素分泌高峰期（11～19岁）到来了，你被孩子从儿童到青少年的巨大转变震惊得傻了眼。

到底发生了什么，把你那可爱的"小心肝"变成了现在这个每天和你打交道的"外星生物"？那个只会偶尔咕哝几声的男孩是你的儿子吗？那个头发颜色奇怪到让你惊叹的女孩，真的是你那天真可爱、完美到甚至可以成为广告模特的女儿吗？那个不让你在朋友面前亲吻和拥抱他，不愿意与你同行的家伙是你的儿子吗？那个因入店行窃被捕的少女竟然是你的女儿？你无法相信：当你告诉你的儿子他不能开车的时候，他居然对你说脏话；你的女儿手机不离手，常常摔门，和姐姐吵架；你的儿子拒绝在家里帮忙，你一提醒就顶嘴甚至无视你；你曾经外向爽朗的女儿现在却情绪低落，动不动就哭哭啼啼想一个人待着；你连你的儿子什么时候学会了喝酒都不知道，而且他还因酒驾被开了罚单；你的女儿每星期六都要睡到下午三点，晚上还想和朋友们出去玩。

给出回应很容易，只要张嘴就行了。

对这些行为做出反应很容易。你只要张开嘴，就能把很多话不假思索地脱口而出，也许你常会做出如下这些回应。

- "你再也别想开车了……永远都别想。"但你真的能做到言出必行吗？如果有一天你陷入困境，需要你儿子开车去接他练足球的弟弟怎么办？

- "跟我老实交代！"这一要求几乎会直接促使青少年闭紧嘴巴。

- "年轻人，以后别再那样跟我说话了！你这辈子都被禁足了！"但你是认真的吗？一辈子？如果等他40岁了，还在家里晃悠，一边打嗝一边把吃剩的比萨扔在你的沙发上，你会怎么办？

- "你该起床了。别指望能和你的朋友出去玩。家里还有一大堆家务等着你做呢。"但等到了下午和晚上，谁来应付这个气鼓鼓的、满脸写着不满的孩子呢？是你。那你到底是赢了还是输了？

- "几颗青春痘而已，没什么大不了的。我以前也长啊，这些都是我经历过的。"请你回想一下，你的父母当年对你说同样的话时，你的头脑里冒出的第一个想法是什么？是"嗯，这话确实有用，我马上照做"，还是"唉，他们真的什么都不懂，简直是鸡同鸭讲"。

时代不同了

现在孩子们的成长速度比以往任何时候都更快。他们的世界不是你成长的那个世界，当然更不是你祖母的那个世界了。你的孩子在进入青春期后，他们面临着成堆的问题，如自残、酗酒、抑郁、自杀、霸凌、不确定的经济前景、厌食症等。而除了这些之外，他们也和自己的祖辈一样，面临着一些"传统问题"，如同辈压力、激素变化、堆成山的家庭作业、生活压力、为将来的工作做准备、对进入大学或参军的担忧等。在美国，自杀、酒驾导致 11 ~ 19 岁青少年的死亡率不断上升，这足以让我们清醒地意识到，在今天的青少年群体中，有很多孩子根本不堪重负，而且不知道该去哪里求助。

一个 17 岁的孩子可以做她想做的任何事情，一想到这点就让人不寒而栗。在美国，她可以合法地开车，这意味着她可以去很多你不想让她去的地方。她可以和你不认识的孩子一起玩。她可以喝酒吗？当然可以。她只需要一张假身份证来证明她已经超过 21 岁就可以在网上轻松买到酒。但我想问的是，如果这些事是所有青少年都可以做的，那为什么有那么多孩子不去做呢？为什么有那么多青少年选择不喝酒、不乱交友、不在外面待到他们被允许的宵禁时间之后？

这个问题的答案就是本书的中心思想。要知道，态度不是一夜之间形成的，而是日积月累地形成的。

家有青春期儿女的几个迹象

（1）家里电视上放的全是真人秀节目。

（2）这个月你的购物账单的费用飙升了30%。

（3）现在是星期六下午两点半，而"随便"这个词你已经听了59遍。

（4）你经常听到一些很"新鲜"的网络用语。

（5）孩子对事物的好恶就像彩灯一样多变。

父母该怎样"施工"

家长们，想必现在大家已经知道，在孩子激素分泌旺盛的这些年，父母的责任重大，不然你就不会拿起本书了。你肯定很想看到家庭中的某些情况发生改变。但是，首先你需要思考你要做的工作。

如果你的房子需要施工，当承包商要给你一个报价时，他首先需要知道的是这项工作的性质。是要将房子彻底推倒重建，还是要重新装修？或是要将某一个房间重新改造？又或是只修补一下地基上的"裂缝"，抑或是要粉刷墙壁、更换浴室的瓷砖？

假设你想把地下室的一间卧室改造成娱乐室。承包商到了你的房子里，当他正在为你认为相当简单的工作做评估预算时，注意到了承重墙上的一个裂缝。突然之间，这个你原以为非常简单的工程看起来比你想象中要大得多。为什么呢？因为地基出问题了，那可是整个房子的基础。在做其他事情之前，你必须先解决这个问题。

也许你之所以开始读本书，是因为你知道地基已经不稳了。你的孩子正在找麻烦的路上，或者已经让你麻烦缠身。有一些人需要翻新一两个房间，或者推倒一两面墙。还有一些人只需对房间稍加修饰——刷一层漆——就能焕然一新。

你需要全面重建，还是部分修缮，抑或只是粉刷一下？

你想在接下来的 5 天里完成什么样的工程呢？是全面重建，还是部分修缮，抑或只是粉刷一下？如果你家那个十几岁的孩子在告诉你他的去向时说了脏话，那我建议你最好还是完全重建吧，因为他的态度已经说明了一切；如果你的孩子变得懒惰，不想做家务，或者"忘记"做家务，部分修缮可能是合适的选择；如果你的孩子刚刚进入青春期，开始变得多嘴多舌，似乎什么都懂，什么事都想参与，而你不喜欢这样，那在这个阶段，重新刷一遍漆可能就足以达到理想的效果。如果你做得好，效果可以维持很多年。

要想在星期五之前让孩子焕然一新，首先，你需要知道该从哪儿开始；其次，你需要知道想在哪儿结束。正如美国《时代周刊》（*Time*）评出的"25位最有影响力的美国人"之一斯蒂芬·柯维（Stephen Covey）的那句名言"以终为始"（Begin with the end in mind）。你希望你的孩子在 5 天以后变成什么样子？你是想要一个有个性却不乱发脾气的孩子吗？你是想让她尊重你、孝顺你吗？你是想让他交友的时候更慎重吗？你是想激励她按时完成作业吗？

如果你知道自己想要完成什么，那你就更有可能完成它。而且，如果你要做的工作只是稍微"粉刷"一下，那么，你只要坚持遵守本书中提出的原则，到了星期三你就可能看到一个焕然一新的青少年了。但是，如果你要做的是全面重建，那你肯定需要等到星期五，也许还要等更久一点，特别是如果你的孩子有自残、厌食、暴食、沉迷网络、酗酒等问题的话，那就需要寻求专业的帮助了。

"以终为始"，你希望 5 天之后孩子变成什么样？

有一些家长还需要求助专业的"灭虫人员"。有时你的房子里会被一些"虫子"侵扰，但它们的出现并不是因为你的管家不力。它们可能会侵入任何人的房子，而且这是常态。但你早一天摆脱它们，就早一天舒心。

我曾为图森当地的一家名为"五星级白蚁防治"的公司制作了 13 个广告。当这些广告播出时，所有看到的人都笑了。

我在广告里是这么说的："我是凯文·莱曼博士，我家里有一位妻子，5 个孩子，还有一群蟑螂。昨天刚走进车库，我就看到一只蟑螂四脚朝天地躺在地上，这正是我希望看到的。它奄奄一息，临死前抬头看着我说：'是那些五星级的家伙害了我'。"

但事实上，对那些有讨厌的"蟑螂"（孩子的狐朋狗友）在家中出没的父母来说，这绝不是一件可笑的事情。家长们，这是一个需要立即解决的问题。当然，即使这个问题不再出现也不代表万事大吉了，你必须先让那些不受欢迎的人马上离开。有时这可能意味着你要开车送孩子上下学，要坐在学校的活动现场监督正在发生的一切，不让孩子与那群朋友外出活动，把车钥匙藏在一个孩子找不到的地方，甚至把你的孩子转到另一所学校。是的，做每一件事情在情感上都很困难，也很耗费时间，但如果不这样做会发生什么？想想都令人恐惧。如果不当机立断地采取行动，对你来说风险就太大了。

那么，你需要什么样的帮助？找人指点一下如何粉刷墙面？找一个可以改造房间的承包商？找一个全新的建筑团队？还是推荐一个五星级的白蚁和害虫防治公司或奥尔金害虫专家？

经验之谈

安妮总是喜欢跟在别人身后有样学样，这给她带来了大麻烦。在她 13 岁的时候，她和一群比她年长而且不学无术的女孩打成一片。这些女孩来到我们家，把家里弄得乌烟瘴气。我不知道该怎么办。后来，我在当地的一个广播节目中听到了你的建议，于是决定尝试一下。

第二天，当安妮和她的朋友回家时，我已经做好了准备。因为我是一个单身母亲，所以请了一个名叫肯尼的邻居来帮忙。他是个大块头。如果你不了解他，你会觉得他看起来很可怕。等安妮走进大门后，他就堵住了门，让其他女孩进不来，然后锁上门，站在那里。安妮很生气，开始大喊大叫。

我平静地告诉她："这里不再欢迎你的朋友了。"然后我转身走到另一个房间。她跟在后面大喊大叫，但我径直走进卧室并锁上了门。我可以听到她在试图劝说肯尼让女孩们进来。但我已经和肯尼说好了，一定要坚持到底。

第二天放学后，安妮是一个人回家的，而且看起来一副气急败坏的样子。憋了 4 个小时后，她终于忍不住爆发了，她愤怒地吼道："你毁了我的生活！现在她们再也不和我说话了！"

我没有回答，却在心里暗笑。我已经把那些不受欢迎的"害虫"赶出了家门。

一个月后的某天，安妮独自回到家，在她的卧室里躲了两个小时。一些不好的消息传到了家里。在她以前的小团体中，有一个女孩刚刚拿到了她的驾驶学习执照，就开车带着其他 3 个女孩到处跑。由于一时疏忽，她全速撞上了一个混凝土隔离带。车上的 4 个女孩都因多处受伤而住院，其中某个女孩还不幸瘫痪了。

我知道也许我无须多言，只要在安妮哭的时候抱着她就够了。

安妮上周刚满 15 岁。自从那些女孩受伤的那天起，她就再也没有叛逆过。当她昨天再次提起那件事时，我终于与她分享了我在青少年时期因为叛逆发生的一些可怕的事情。"我不想看到那些事情发生在你身上。"我告诉她。

然后我的女儿做了一件我始料未及的事情。她拥抱了我。谢谢你，莱曼博士，是你鼓励我坚持到底。这做起来并不容易，但结果太令人欣慰了。

安吉拉，新泽西

意志之争

当青少年对你做出回应时，他们的态度完全与尊重有关——孩子对你的尊重以及你对孩子的尊重。尊重从孩子呱呱坠地那天就开始形成了，而且在你们多年的相处中不断变化。

孩子的态度和行为都是在家庭中养成的。

通常在大约 18 个月大时，你的孩子就知道他/她是拥有自身意志的个体，并认识到自己的意志是可以执行的。于是，亲子之间的意志之争就开始了。

在这之后发生的事情与你这位家长有很大关系，因为你的孩子的态度和行为是在这个家庭空间里形成的。

从这个早期阶段开始，父母一定要小心，不要轻易卷入和孩子的战争。当出现状况时，不要做出"反应"，而是要采取"行动"。如果急于做出反应，你就不能牢牢坐在驾驶座上掌握方向盘，而只能与孩子一起坐上情绪的过山车，片刻不得安宁。而行动可以让你坐下来，淡定从容，一言九鼎，冷静地掌控局面，顺其自然，静观其变。

那么，当你两岁的孩子大放厥词时，你是如何回应的？

- 你说："哦，约翰尼，你不应该那样说话，这样不好，我再给你一次机会，表现好一点。"
- 你说："小子，你刚刚为自己赢得了一次罚站的机会。上午剩下的时间就到角落里待着去吧！"
- 你转身走进另一个房间，不理他了。后来，当他想玩他最喜欢的玩具时，你说："不行，你今天不可以玩那个玩具。妈妈不喜欢你刚才说话的态度。"虽然那双天真的眼睛里充满恳求，但也没能改变你的主意。

哪一幕在你的家里一遍又一遍地上演？你的孩子并不是一夜之间就蜕变成这个"青春期外星生物"的。你猜是谁帮助他变成这个模样的？是你。作为父母，你的一言一行，你在家庭中的管理方式，与孩子现在的状态紧密相关。

就拿一个名叫香农的女孩来说吧。她是家中的长女，3岁的时候，她有一次在吃午餐的问题上表现得蛮横无理、无理取闹，这时她母亲就给了她一个小小的惩罚。她一声不吭地搬起香农正坐在上面的高脚椅，把它从厨房的一角移到走廊上去，在那里香农是看不到母亲的。

对这个不喜欢与母亲分开的孩子来说，这5分钟很漫长。当惩罚结束，母亲终于再次出现在眼前时，香农迫不及待地告诉她："我再也不那样做了，妈妈，再也不了。"

直到今天，12岁的香农还记得那件小事，一提起来就会笑。香农说："我猜那个时候我就想明白这样做可没好果子吃。我小时候多聪明啊，我知道她是认真的，而且绝不通融。那是妈妈第一次也是最后一次那样罚我。"现在香农和她母亲有一种建立在互相尊重之上的亲密关系，她们已经顺利度过了青春期中的两个艰难时期——早期和紧张期。

与此形成鲜明对比的是一个叫贾罗德的男孩，他今年15岁，对待母亲的态度就像对待仆人一样。"我的运动短裤在哪儿呢？"他在出门上学前一分钟大声嚷嚷，母亲赶忙去为他找短裤。这种行为是怎么开始的呢？这还得从贾罗德3岁的时候说起，他的母亲总是对他百般讨好，让他养成了颐指气使的坏脾气，不管他要什么，母亲都会尽快满足他。

"目的性行为"是为某个人服务的，它满足了一种需求。

这两个例子清楚地表明了我所说的"目的性行为"（purposive behavior）。

"目的性"并不是一个你经常会听到的词。但作为家长，了解一下什么是"目的性行为"是很重要的。"目的性行为"是为某个人服务的，它满足了一种需求。我们都在从事这种行为。

比如，一个孩子在玩具店里大发脾气，这一行为的"目的性"是什么？最有可能的答案是，当这个3岁的孩子在玩具店里吵着"我要这个，我要那个"时，她的妈妈或爸爸说了"不"。而在这个3岁孩子的心目中，父母必须“有求必应”，不然她就要撒泼打滚，闹得 6 条过道上的人全都听到，还有一些人在角落里偷看发生了什么。

那么，为了让孩子马上停止这种令人难堪的行为，那位家长会怎么做呢？他可能会说：“好吧，好吧，这次我给你买了。但这是我最后一次给你买玩具了。”

所以，那个孩子因为之前的行为得到了奖励。她得偿所愿了，难怪会在抱着那个玩具走过收银台时笑得那么开心。一个念头深深地镌刻在了这个孩子的头脑里：“嘿，这样做很有效。不知道我用这种方法还能得到什么。”

所以，你猜这个孩子下一次会尝试做什么？她发脾气是有目的的。她现在知道，如果她噘嘴、哭泣、发脾气，就会得到自己想要的东西，甚至有时候只要一声不吭就可以（那是一种被动控制）。

> 每个人都会发展出一种“人生主旋律”—— 一句格言或一个想法，它影响着他 / 她对事件的反应。

每个人都会发展出一个“人生主旋律”—— 一句格言或一个想法，它影响着他 / 她对事件的反应。事实上，如果你知道一个人的主旋律，就可以很有规律地预测他们在某种情况下的行为。

意志强悍的孩子很早就掌握了他们的主旋律。他们往往会想：“所有人都得听我的或凡事都得我说了算。”而且他们非常善于苛求和霸凌他人。他们通常目的性极强，完全不会为那些挡在他们和他们想要达到的目标之间的人着想。

其他常见的主旋律包括“我的人生一定得引人瞩目”“我的人生一定要让其他人为我所用”“我的人生一定要成功”，等等。

但并非所有主旋律都是负面的，也有很多是正面的。比如，"我一定要帮助别人"还有"我一定要先人后己"。

关键是，当你的孩子十几岁的时候，他已经有了一种相当完整的人生主旋律。他对自己的看法是积极的还是消极的？他擅长指责别人，还是主动承担责任？

所以，我想问问大家：你的孩子的目的性行为到底是什么性质的？

答案可能会让你清醒地意识到，你正在被操纵、被设局、被欺骗或被利用。但你来到这个世界上并不是为了被人这样对待的。孩子们的初衷并不总是好的。作为家长，有时你应该从口袋里掏出黄牌说："犯规，当罚。"而且，这样的犯规会引发种种不良后果。

现在让我们回到香农和贾罗德的例子。

为什么香农在午餐时对着食物大发脾气？因为她想看看谁是家里的老大以及是否有任何回旋的余地。这样的试探源于人性。但当她发现自己的试探没有达到效果时，她还会再试吗？不会，因为她的行为不管用。当然，3岁孩童和15岁的少年有很大的差别。如果15岁的少年已经被允许表现出这种行为长达12年之久，那么这种行为会更加根深蒂固，需要父母付出更多的努力来铲除它。

不要上当，你不应糊涂至此。

为什么贾罗德认为他可以像对待佣人一样对待自己的母亲？因为在他的成长岁月中，慈爱的母亲把他放在人生舵手的位置，由他全权驾驶着自己的船。他的需求和愿望总是优先于母亲或其他人的。在贾罗德看来，他是鸡舍里的"头号公鸡"，所以他为什么不能坐在最高的栅栏上，居高临下地叫几

声，对其他人指手画脚呢？他早就学会这样做了，猜猜是谁教他的？是他慈爱的妈妈，她允许自己被一个小孩子发号施令、颐指气使，而这个孩子现在已经长大了，而且他把母亲对他的纵容当作对付他母亲的"武器"。

当孩子做出某种行为时，背后是有原因的。他的每一个行为都有目的。如果这样做不奏效，他就不会再这么做了。不要上当，你不应糊涂至此。

三类父母

我在纽约的布法罗长大，那里至今仍是一个蓝领小镇。早在 1950 年，它就是纽约州第二大城市，以钢铁厂和谷物闻名。我对布法罗的滨河地区通用磨坊食品公司那巨大的筒仓记忆犹新。最近当我开车经过那个地区时，仍然可以闻到该公司正在生产的麦片的香味。

如果你是 20 世纪 50 年代在纽约州西部长大的，那你肯定记得，小时候如果你的行为稍有差池，就会被公然威胁："我要把你送到贝克神父那里去。"贝克神父是一位牧师，一个了不起的人，他在 20 世纪初就去世了，去世前为那些性格孤僻的孤儿们建立了一个家。

有一天，我那 7 岁的表弟和他母亲顶了嘴。于是她拿了一些衣服放进一个纸箱子里，然后递给他，让他去路边坐着，并告诉他："贝克神父马上就来接你。"然后她走进屋里关上了门。

我的叔叔是一名送奶工，几个小时后他下班回到家看到他的儿子正坐在路边哭。"你对妈妈无礼了，是吗？"我叔叔问。

"是的，"我的表弟强忍着泪水说，"我在等贝克神父来接我。"

我叔叔可是"身经百战"，立刻就心领神会了。于是他对年幼的儿子说："嗯，那你可千万不能错过了。他开着一辆黑色的大卡车。"然后他走进屋里，也关上了门。

但时代不同了！如果说这种做法是一种专制，那今天很多父母就完全是纵容，两者形成了鲜明的对比。比如，有的父母是这样和孩子说话的："亨利，可以请你把电视关掉吗？这样我才能专心检查你的家庭作业。"或者"你打算上床睡觉了吗？"

极端的做法对任何人都没有好处，包括青少年。

如果你想在星期五之前拥有一个焕然一新的青少年，就必须重新制定规则，当然这些规则不需要任何警告。而在此之前，你要先确定自己是哪种类型的父母，以及过去与孩子的相处模式是怎样的。

纵容型父母

莫琳最大的希望就是家庭能够幸福。她在一个不幸福的家庭中长大，兄弟姐妹经常吵架，父母在她 13 岁时就离婚了。因此，当莫琳有了自己的子女后，她的人生格言变成了"我们和睦相处不好吗"和"别担心，开心点"。问题是，莫琳疲于奔命地为家庭奉献，恨不得替孩子把所有事情都做了，这让她心力交瘁。

纵容型父母是那种对儿女百依百顺的人，他们没有准则和界限。因为棋局的规则总是在变化，所以家庭成员都缺乏安全感。纵容型父母可能会说："不，我们今天早上不去星巴克喝咖啡。"但是，在孩子们又是乞求又是恳求的软磨硬泡下，发生了什么？那辆 SUV 仿佛自己朝着星巴克开去了，还点了大杯的白巧克力摩卡！嗯，有趣的是，汽车有时会在"没有车主"的帮助下做到这一点。

纵容型父母希望他们的孩子能够快乐。但正如我经常说的，"一个不快乐的青少年是一个健康的青少年"。在你的生活中，你最后一次一整天都感到快乐是什么时候？人生充满坎坷起伏，你的孩子能越快适应越好。不要为孩子人生的每一次颠簸做缓冲，不要为他的人生道路清扫积雪，这对双方都没有好处。这只会让你的孩子不自由主地想："妈妈会为我做任何事的！所以我只需要坐享其成。"这当然不是一种以尊重为基础的关系。事实上，这使你作为父母的地位在孩子眼中很可笑。你对自己的感知价值会急剧下降。

经验之谈

我一直以为自己是个伟大的母亲。我每天都在为孩子们忙前忙后。直到我的父亲生病了，有好几个周末我要去另一个州照顾他，这才让我意识到，家里的两个孩子（一个 15 岁，另一个 17 岁）已经被我惯坏了，他们希望任何事都能合他们的心意，而我让他们得逞了！

当我回到家时，看到的是堆积如山的脏衣服，还有两个对家中情况一无所知并且只会问"这个在哪儿""那个在哪儿"的孩子。我被他们弄得晕头转向。我这时才意识到我为他们做了太多他们本应该亲力亲为的事情。当我的儿子说"妈妈，你说过会儿帮我写科学报告，但你根本就没有"的时候，我真的很意外。他的意思是"妈妈，我还指望着你帮我写科学报告，这样我就不用操心，可以整个周末都玩电子游戏了。"

所以我决定练习说"不"，这是莱曼博士提供的小妙招。在接下来的 3 天里，不管遇到什么事我都说"不"。起初孩子们很震惊，接着是愤怒，然后是困惑。我儿子的科学报告只得了 F 并因此补了两次课。他自己走了 8 个街区回家，因为我告诉他，他必须自己找到回家的路。当他打电话来想让我改变主意时，我连手机都没拿起来。我女儿穿了一件她讨厌的衬衫去学校，因为这是唯一一件干净的衬衫了。之后，她自己洗了一堆衣服。

我的孩子们都挺有主意的，我知道"战斗"远未结束。但我也知道，是我让他们变得自私的，因为是我对他们的行为一再容忍。我终于为自己站起来了，这让我感觉很好。

卡里萨，密歇根州

纵容型父母还会努力成为孩子的朋友。恕我直言，你真的认为孩子会希望你表现得很时髦，穿着最新款式的衣服，不断给她发信息谈论可爱的男孩，并在午餐时与她的朋友们混在一起吗？你的孩子可能会有很多朋友，但她只有一个妈妈，一个爸爸。你的角色是独一无二的。不要试图成为你扮演不了的角色。

在担任亚利桑那大学的教务主任时，我为新生家长们举办了家长指导会。我傻乎乎地把家里的电话号码给了别人，后来我经常接到那些对孩子关心情切的家长打来的电话。

米奇在利用他强大的个人影响力来拉动那根套牢父母的锁链。

有位家长说："莱曼博士，我很担心米奇。我刚刚接到他打来的一个很可怕的电话。他情绪低落，他说自己讨厌学校，而且没有朋友。你能和他谈谈吗？"

于是我把米奇叫到我的办公室。

"迈克尔，在学校过得怎么样呀？"我问道。

"很好啊，"他说。

"喜欢住宿舍吗？"

"喜欢。"

"交了一些朋友吗？"

"嗯，是的，一些很棒的朋友。"

米奇在利用他强大的个人影响力来拉动那根将父母套牢的锁链。他用卖惨的方式控制父母的反应。而他那"希望我的儿子永远快乐"的纵容型父母则对儿子深信不疑，被骗得团团转。

做一位好家长并不意味着对孩子予取予求，或者被他们声泪俱下的卖惨言辞所打动，恨不得替他们摆平一切。如果你过去一直是纵容型父母，现在是时候做出改变了。对孩子的不合理请求坚决说"不"，而不是"好吧，如果你表现好，也许我可以带你去电子游乐场"。如果你说了不打算做什么，那就坚决不要做。不要让步，无论你的孩子如何恳求。

记住，孩子的行为是有目的性的，他现在这么干是因为以前管用。如果你不再让步，他的纠缠行为就不会再起作用了。如果你想在星期五之前拥有一个焕然一新的青少年，你就不能退缩。改变主意只会助长更多的纠缠和可憎的行为。所以你必须按计划行事，才能保证得到你想要的结果。

如果你一直是一位纵容型家长，只说一次"不"很可能不会奏效。你的孩子很聪明。她在想："好吧，妈妈有新的育儿书了。等三天的新鲜劲儿过了，它的作用就小了。所以我只要坚持下去，一切就会恢复正常。"但是，家长们，如果你想要一个全新的、更好的、正常的状态，就不能让家里的一切恢复原样。当你坚定地否决孩子的某个要求时，你聪明的孩子会明白自己无计可施了。

对孩子让步不过是小事一桩，但从长远来看，这对你和孩子都有害。容许孩子口出狂言只会让他越来越叛逆，因为他们会认为你就是这样一个软弱的人，他可以用任何方式操纵你。相信我，他一定会尝试这么做。这就是为什么纵容型父母需要变得强硬起来。

只要说"不"就够了。我知道你能做到这一点。

独断专制型父母

米奇像管理一个新兵营一样管理着他的家，尽管他从来没有当过兵。他希望孩子们服从他的意愿，很少允许他们有自己的意见。他在一家工厂担任主管，每天下班一回到家，就开始大声发号施令：谁需要做这个，谁需要做那个。如果他的三个孩子没有立刻服从命令，就会面临很严重的后果。禁足是一种典型的惩罚，两个十几岁的孩子中，每个周末都至少有一个被禁足。

米奇像管理一个新兵营一样管理着他的家。

米奇的行为说明了什么？他也许在表达："我比你强壮，比你年长，我有一切权力。"尤其是父亲们，特别容易采用这样的养育方式（母亲则倾向于采用放任型养育方式，特别是如果她们试图平衡家中父亲的做法，或者因为家中没有父亲而感到内疚）。

像米奇这样的独断专制型家长认为，孩子们应该安静、听话，他们的意见在其成年之前并不重要。这样的父母需要掌控一切，需要让自己言出必行。独断专制型家长和家庭的其他成员（通常包括母亲）之间通常存在着分歧，因为完全由一个人说了算，而其他人对家里发生的事情没有发言权。

但是专制的方法——"按我说的做，因为你必须这样做"——只会导致孩子变得非常叛逆。如果一个 14 岁或 16 岁的孩子愿意的话，她完全可以公开反抗，这是让任何父母只是想想都会不寒而栗的。如果你独断专制地将自己的愿望强加给你的女儿，而她在成年后就头也不回地离开，甚至在这之前就离开，你不必感到惊讶。

当米奇 15 岁的女儿贾丝廷和一个她认为爱自己的年轻人一起离家出走时，他才醒悟过来。在 3 个月后，她被警察找到时手臂上布满了针眼，她的身体遭到了 18 岁男友的残忍虐待，伤痕累累。贾丝廷所做的一切就是用一个"专制人物"替代另一个"专制人物"。

今天的米奇已经改变了，他正在努力成为儿女应该拥有的那种好父亲。但他永远无法让时光倒流，将发生在他女儿身上的一切抹去，他将在余生中带着这种悲痛和内疚生活。

> 为人父母不应该掌控孩子，而是鼓励他们，陪伴他们。

独断专制型父母往往自身就出生在严格、传统的家庭，在成长过程中不被允许对家庭事务说三道四。有一些人本身就曾经受过伤害，他们需要用掌控他人的方式来让自己感觉良好。在通常情况下，独断专制型家长都有无法管理愤怒的问题。他们的家人通常活得战战兢兢，就像随时随地都在走钢丝，除了希望不要让爸爸或妈妈生气之外别无他求。

如果你的孩子时常发脾气，你可以观察一下他的成长环境。他是从哪里学到这种行为的？是因为有一位独断专制型家长吗？如果是这样，这位家长需要先控制住自己的愤怒，然后才有希望让他的孩子控制住自己的愤怒。

大家可以这样想：上厕所是自然行为，但是在商场里当众上厕所就不是正确的行为了。同样，愤怒是一种很自然的情绪，滥用才是问题所在。一些父母和一些孩子会在愤怒时互相殴打对方的头部，就像一些人会攻击小海豹一样。如果这种事发生在你家里，就必须立刻停止。

家应该是这样的一个地方：每个人都能得到鼓励，每个人都承担力所能及的责任，出现问题时可以在餐桌上或家庭会议中讨论并解决，每个人的意见都得到尊重。

如果你一直是专制型家长，那你要做的就不只是在客厅做点粉刷工作那么简单了，你需要做一些更基础性的工作，而且需要从你开始。你必须完全改变对孩子的想法和做法。与其发号施令，不如简单地说："如果我们今晚能把碗洗了，你妈妈肯定会非常开心。你要是负责洗碗，我就负责把碗擦干。"你会看到女儿目瞪口呆的样子。她可能会跑去拿温度计，看看你是不是发烧了。这是因为专制型家长很擅长让别人在家里做这做那……自己却当甩手掌柜。

孩子还小的时候，你这种独断专制的育儿方式可能管用。毕竟，你更高大、更强壮，可以让他们乖乖听话。但是现在，青少年的身体已经开始接近成年状态，同样的"我要你去做……"行不通了。你那身高 1 米 9 的儿子可能比你还高大。

等你的儿子年满 18 岁，离开了这个家，他就会想做什么就做什么，不会再服从你的严格管教。

当十几岁的孩子开始有了自己的想法和意见，想过不同的生活时，独断专制型父母就不知道该如何反应了。所以很多父母的反应是想要阻止孩子。试图压制他、控制他。

但为人父母不是让你去掌控孩子，而是鼓励他们、陪伴他们，看到远景和大局。孩子年龄越大就越有自己的想法和意见。如果你认真对待他们，不要总是想当然地认为自己的想法是最好的、是唯一的选择，你就会建立起一种足以安然度过激素分泌高峰期的亲子关系。

任何一种极端（纵容或专制）都是危险的，平衡才是上上之策。作为父母，你的职责是把孩子培养成一个对社会有所贡献、积极向上的人。如果在你的家庭生活中，家庭成员之间不会互相尊重，现在是时候做出改变了。

如果你是一位纵容型家长，那就从尊重自己开始，站起来维护自己。说"不"……并坚持到底。对你来说最要紧的是做到始终如一。你需要当家长，而不是孩子的朋友。尊重你的孩子，不要溺爱她、娇惯她，不要让她以为自己可以为所欲为。

尊重是双向的。

如果你是一位独断专制型家长，那你就要认识到自己并不比孩子高明多少。你们是平等的。你们只是在家庭中扮演不同的角色而已。在你开口之前，请三思而后行。"我要说的话对我的孩子有鼓励和培养作用吗？当我不得不说些难听话时，是出于爱孩子而不得不告知其真相吗？"你还要重视孩子的想法和意见，并将其视为和你自己的想法和意见一样重要。尊重是双向的。

在你的家庭中，纵容或专制的模式已经存在多年，可谓根深蒂固，所以你需要下大力气才能战胜它们。不过有一点千万别忘了：你改变了，孩子也就改变了。你的改变程度会影响孩子的改变程度。改变从你开始，也从你愿意扭转局面的决心开始。本书是关于关系的，你与孩子的关系允许你走多远，你才能走多远。

权威型父母

我们刚刚谈到了养育孩子的两个极端——纵容型父母和独断专制型父母。但最好的育儿策略追求的是平衡，父母对孩子拥有合理的权威。权威型父母认为他们和子女是平等的。所有人都是同一个家庭的成员—— 一荣俱荣，一损俱损。每名家庭成员都同样重要。权威型父母还知道，他们要建立适度的准则和界限，使家里的每个人在身心方面感受到自己是安全的。

做一名聪明的家长

自我控制力是一个极大的优点，为了让你的孩子具备自控力，你自己必须具备这种能力。

尽量减少消极预期，专注于积极预期。

态度、态度、态度。这是与孩子玩人生游戏时的一张王牌。

认识到孩子和你完全不同。

对任何一件事，如果没有经过倾听、思考，就不要发表意见。

权威型父母会反思："我来自什么样的环境？那个环境对我现在身处的环境以及反应模式有什么影响？"当你面对家中那个宛如"外星生物"的青少年时，不妨回顾一下自己过往的生活，在反复思考之下定会找到答案。

在你的成长过程中，你的父母是如何对待你的？来自专制型家庭的家长往往在其原生家庭中没有发言权，因此，当他们升级为父母时，就会将家中所有人玩弄于股掌之中并陶醉于扮演这样的角色。但这样一来，他们往往会成为唯一的玩家，其他家庭成员会因为对潜在的后果感到害怕或失望而没有真正参与游戏。

那些来自纵容型家庭的人往往是被夹在交战的父母和手足之间左右为难的人。他们希望自己的家与原生家庭完全不同。但是，对他们来说面对缺乏界限感的人时总是让步，会给他们带来与他们成长环境给他们造成的相似的压力。

权威型家长会这样说："我是家长，你是子女。这就是我们各自的角色。有时我不得不打'家长牌'，必要时我肯定会这样做。但我希望一直能了解你的想法和感受，希望我们能一直保持坦率、诚实、尊重的对话。我可能会犯错，你也可能做错事。当我们中有一个人行为不当时，那个人应该主动请求原谅，也应该得到原谅。"

权威型家长会尽量让家中所有人都心平气和。当然，也会有气氛紧张的时候，但他们不会任由这种紧张长时间持续下去。聪明的家长会正面处理问题，让所有人都有机会说出自己的观点，但要在态度上始终尊重其他家庭成员。然后他们会综合考量，做出一个对整个家庭都有利的决定。

权威型父母不会帮孩子收拾烂摊子。他们会顺其自然，静观其变。如果你的青春期子女做了一个愚蠢的举动，那么他／她就应该承担这样做的后果。有一些事情是只要做了就没好果子吃，这就是现实中成年人世界的规则，所以这也应该是处于激素分泌高峰期的青少年该面对的规则。

几年前，我的女儿霍莉被一个骑摩托车的警察拦下了。她刚把车停在路边，警察就走了过来。她首先发现的是他的衣襟上有一个基督教徽章。"哦，哇，"她说，"你是一个基督徒呀，我也是。"

警察看了看她。"嗯，是的，小姑娘，我是。既然你也是，你肯定明白为什么我一定要给你开这张罚单。"

权威型父母任由孩子去体验自身行为的后果，而不会替子女铲除人生道路上的积雪。但他们会热情洋溢地给予孩子鼓励，比如对孩子说："我对你有信心，相信你会做正确的事情。"他们会为子女提供智慧、平衡和一个安全的地方，并且愿意和子女讨论任何话题。他们向往好的事物，所以他们得到的也往往是好的结果。

如果你想要践行本书中提出的原则，但你仍然是一名纵容型或独断专制型的家长，那我在本书中所说的一切对你都没有用。你不会在星期五之前拥有一个焕然一新的青少年。这是因为你的孩子很聪明，会知道你不过是在说空话骗人而已。但是，如果你承认自己有需要改变的地方，并着手做出改变，你就会获得子女的关注和尊重。

开始游戏吧

青春期的风暴已经袭来。你必须有一个计划。仿佛就在突然之间，你那听话配合、安静内敛的孩子变成了一只一摸尾巴就炸毛的小老虎。不管你说什么，他都有一堆话等着你，要不就干脆置若罔闻。当这种情况第一次发生时，你和大多数父母一样会感到震惊。你觉得自己进入了危机模式。

好吧，让我告诉你，其实你并没有。在这场游戏中你只需要学习如何在青春期孩子面前做一名尽心尽力、平和理性的家长。不过，在阅读本书的过程中，你会发现游戏策略并不复杂。事实上，它相当简单。

但最后的结果取决于你是否有一个简单、合理、可行的游戏计划。正如古老的"KISS"（keep it simple,stupid）原则告诉我们的，一定要力求简单。如果这个口号对那些盈利数百万美元的创业者有效，那么它对你的家庭也会有效。

是时候做出改变了

如果想让孩子在星期五之前就焕然一新，那么你需要对自己的行动和在家庭生活中的角色做出哪些调整？你要如何应对那个不时挑战你的权威，似乎什么事都不愿意做，还总与你的意愿背道而驰的女儿？

如果她问你要车钥匙，你会不会把钥匙递给她，然后说："好，玩去吧。哦，如果你愿意的话，也许，呃，你可不可以给我打个电话……如果你不介意的话……让我知道你没事，因为我知道你肯定会错过宵禁时间。"

那么你就是纵容型父母。请你快停下来吧！你这是在娇惯她，为她找借口，把消极的预期强加给她。

你也有可能成为一名独裁者，你也许会斩钉截铁地宣称："你最好在晚上 10 点前回家，不然我就要你好看！晚一分钟到家都不行，否则你将被终身禁足！"你有没有想过，等她大学一年级的时候，当她自己掌管着车钥匙，不再需要遵守你制定的规则，没有父母在旁监督的时候，她会怎么做？你还能去盯着她吗？

如果你是一位平和理性的家长，对孩子拥有恰当合理的权威，你就只会说："我很高兴看到你和朋友们一起玩。我会等着你回来。"因为你完全相信自己的女儿会遵守家庭准则，并且会按时回家。

是的，做一名平和理性的家长是有风险的。父母很容易对孩子操心过度、溺爱，或试图掌控孩子的一切。但当你这样做时，你不是在培养一个会自己思考的青少年。你正在创造一个"克隆"出来的你。她只要在你的视线范围内，就会完全被你掌控。但是，当你鞭长莫及时，就要小心了！

控制自己不要失态

在养育青春期孩子时，千万不要失态。如果你失态了，那么你的孩子肯定也会失态。而在孩子处于青春期的那些年，父母失态的情形往往很常见。

大多数父母被内心的挫败感驱使着。他们疲于奔命地"四处灭火"，然而总是这边还未平息那边火光又起。你猜是谁让他们这样气急败坏，是谁一边偷乐一边看得津津有味？就是他们家中那个长了本事的孩子呀！

大多数父母都被挫折感所驱使。

无论发生什么事，你都要成为一名冷静的家长，并以身作则地教育你的孩子如何处理紧急情况。在战斗中，你要保持冷静，听取所有人的意见，公平对待和尊重所有人，公正地解决问题。你一定要采用恰当的解决方案，并且一定要让孩子对她自己的决定负责，这样做是出于对她的尊重。你在用自己的行动告诉她："你做出了选择。好的选择会让你得到好处，糟糕的选择会引发不好的后果，而且这一切必须由你独自承担。这样的话，当你下次面临类似的情况时，你就知道该怎么做了。我认为你是个聪明的孩子，相信你下次一定会做出明智的选择。"

可预料与不可预料

当孩子犯错需要惩罚时，如果你总是用同一种方式（比如"回你的房间去！"）而且这种方式毫无用处，那你就需要制定一个新的游戏策略了。

当下的大多数父母都使用过一种令人闻风丧胆的惩罚手段——"限时隔

离"（time-out）。如果你真的认为这种手段对孩子有意义，也许你可以再深入思考一下。当你告诉他们回自己房间待着时，这不是在惩罚他们。你是在给他们创造一个美好惬意的夜晚。毕竟，在他们的房间里有手机、计算机、音响、电视机以及其他电子设备，足以让他们忙得不亦乐乎了。他们当然不会感受到自己正在被惩罚。

> 大多数父母把孩子养得自以为全世界都得围着他们转。

大多数父母把孩子养得自以为全世界都得围着他们转。所以，如果这些自私自利、快乐至上的小傻瓜长大后成为自私自利、快乐至上的大傻瓜，那所有人都不应该感到惊讶。如果把家庭比喻成一个管弦乐队，那家长就是这支乐队的指挥。为了使家庭正常运转，小提琴、中提琴、大提琴和低音提琴都必须配合默契，从正确的音调开始演奏。这个音调就是家庭的准则和界限，首先是相互尊重。每件乐器都各有特色并各司其职，但只有配合得当时，它们才能演奏出动听的和弦，音乐会听起来才像音乐会，协奏曲听起来才像协奏曲。

在孩子处于激素分泌高峰期的那些年，与其想着怎么管教他们，不如多想想你在管教方面存在着哪些问题。你对管教孩子的态度是怎样的呢？是"我的天，我不敢相信我的孩子会这样做。我应该怎么办？该怎么狠狠教训他才能防止他再次犯错？"还是"要怎样做才能帮助孩子做好独立生活的准备？哪些是他必须了解的？"

你对孩子的管教手段应该具有一定的可预料性，当孩子做错事情时她就可以猜到你一定会有所动作。她知道父母会行使一定的权威，但不可预料的部分是，她不一定能猜到你具体会做什么……而且要让处罚来得猝不及防。

> 要让孩子学会自我控制，最好的办法就是让你自己保持自我
> 控制，并揭示失去控制的后果。

比如说，在一个星期六的早上，你的女儿对你说了一句非常不敬的话。这时你完全不必大惊小怪，你只需要顺其自然地做你要做的事。你没必要为此让自己的血压飙升。但是在星期六晚上，她会疯狂地寻找车钥匙。猜猜它们会在哪里？在你的口袋里。当你的女儿出不了门时，你就可以趁机好好教育她了。

再说一次，你要始终保持冷静。当她对你大喊大叫时，你不需要以同样的方式回应她，只需要等待合适的时机。几个小时后，等你有足够的时间想出合适的惩戒方法后，再采取行动。当你的女儿问起原因时，你可以就事论事地告诉她："因为我不能接受你今天早上对我说的话。这是对我的不尊重。"要让孩子学会自我控制，最好的办法就是让你自己保持自我控制，并揭示失去控制的后果。

所以，聪明的家长，如果你有自控力，孩子就可能从你身上学到如何自控。此外，因为你是在几个小时之后才出手惩罚，给她来了个措手不及（错过出门这件事对她来说意义重大），所以你要打好"不可预料"这张牌。如果你的孩子一心想要激怒你，那偶尔让她失态一下也不是什么坏事。

要拒绝就拒绝到底

母亲在和孩子对峙的时候，往往比父亲更容易"缴械投降"。毕竟，很多母亲是冒着生命危险推着孩子通过狭窄的产道来到这世间的，所以她们对

孩子投注了极深的情感。但即使她在分娩时经历了身体上的折磨，也无法保证和孩子能一起经历一生。

当你拒绝的时候，就一定要拒绝到底。如果你已经说了"不"，那无论孩子是花言巧语、哭天抹泪还是撒泼打滚，你都不要说"可以"。你应该让你的孩子知道你是认真的。只有当你们双方处于平等地位并且相互尊重时，你们才能真正建立起对双方都有利的关系。

我喜欢路易斯·巴斯德（Louis Pasteur）的一句话："让我告诉你我成功的秘诀是什么。我的优势全在于坚持。"

家长们，一定要坚持。

提高你的感知价值

> 养育青春期子女的关键就是能与他们合作。

家长们，你在这个叫作生活的游戏中握着所有的牌。孩子们的很多事情都由你说了算，包括开车（在本书中我会经常提到这一点，但那是因为这种自由对青春期的孩子非常重要）、上大学、有衣服穿，等等。你掌握着所有这些事情的决定权。所以现在是你站出来承担一家之长的职责的时候了。

星期一要做什么

（1）决定如何施工。是完全重建，或者更换部分零件，还是只做点粉刷工作？

（2）识别养育方式。

- 纵容型
- 独断专制型
- 权威型

（3）制定一个游戏策略。

已故的约翰·伍登（John Wooden）可能是有史以来最好的大学篮球教练之一，也是一位有信仰的智者，他受到了所有业内人士的尊敬。他生前在加利福尼亚州立大学洛杉矶分校执教，有趣的是，他从来没有告诉他的球队要去赢得比赛。他一直都对他们说该怎么比就怎么比。

这对父母们来说也是至理名言。在养育孩子的游戏中没有"赢"。如果你或你的 13 岁孩子"赢"了一场战斗，那你们两个人实际上都输了。养育青春期孩子的关键就是能和他们合作。

要做到这一点，你必须认真倾听他的意见，尊重他，鼓励他，支持他。当然，必要的时候你要站在他的对立面，让他为自己的所作所为承担后果。当你这样做的时候，孩子会知道你关心他这个人，关心在他身上发生的一切，由此你的感知价值就会上升，你和孩子的感情就会越来越深，深到让你感到惊讶。

每个孩子都需要以下三种"维生素"：

- 维生素 E：鼓励（Encouragement）；
- 维生素 N：拒绝（No）；
- 维生素 C：合作（Cooperation）。

聪明的家长会学习如何正确提供这些"维生素"，从而让处于青春期的孩子变得健康、平衡。

★制胜之策★

孩子能有多少改变，取决于你能改变多少。

星期二

和"随便"一代的交谈

不要抱着双臂嘟囔不休，不要目光回避孩子盯着车窗外，不要说"随便"之类的话，要深入孩子的内心。

想象一下，某天晚上当你 16 岁的儿子坐在餐桌前时，他突然冒出一句："我 21 岁的时候要开一辆克尔维特。"

在经过一天漫长的工作之后，大多数父亲此时正在专心吃晚饭，他们会怎么说？也许他们会说："好吧，那你最好在学校里好好学习。成绩好才能找到一份体面的工作，这样你才能买得起那辆克尔维特。"

那妈妈会怎么说呢？也许会说："对不起，亲爱的，克尔维特是什么车？我有个姨妈好像有辆叫……叫什么考威尔的车。不对，好像是我的祖母？"

难怪那个男孩会在剩下的晚餐时间里双臂交叉坐在那里，对接下来的对话兴味索然，只偶尔"嗯"两声。他在想，随便吧！对他来说，晚餐已经变成了"忍一忍，很快就会结束"的一项活动。

但是，如果这位父亲足够精明，他就会对儿子这样说："哇，克尔维特呀。那可太酷了。什么样的克尔维特？是带自动变速器的标准型还是带六速手动变速器的 ZR1 型？什么颜色的？你想要的那款车有什么特别之处吗？"

这样的回应方式就能让孩子完全参与进来，他会兴高采烈地告诉你他的梦想，还有他的想法和生活，这些对你来说是非常有价值的，也是一个全家人都可以参与讨论的有趣话题。

如果你在吃晚餐时遭到了抱怨

孩子："妈，怎么又是鸡肉？我讨厌鸡肉。"

传统的母亲（既震惊又失望）："可是上周你还很喜欢吃鸡肉呀，你在晚餐时吃了整整4大块呢。你不是总说自己多么喜欢哈丽特阿姨做的鸡肉吗，还说那是你的最爱。"

准备在星期五前让孩子大变样的母亲会说："好的宝贝，那接下来一两个星期的晚餐你有什么想吃的吗？你觉得什么样的晚餐最好？"

孩子（顿感惊愕）："呃，我不知道。我想……我想，呃……吃肋排吧。"

母亲："好，让我记下来，肋排。你还想吃什么？"

孩子（仍然对事情的走向感到惊愕）："呃，土豆泥。"

母亲："普通的还是蒜香的？"

孩子："蒜香的。"

母亲："好的，我也记下来了。还有什么吗？有什么特别想吃的甜点吗？"

精明的家长就会做出第二种反应，这也是家长们应该有的反应，为什么呢？因为你的孩子需要知道家里有人关心他说的话，即使有时候他说的话不可理喻，而且他可能在下一个星期甚至下一个小时就变卦了。最重要的是，一定要让他感到自己在这个家里非常重要。难道你不希望得到同样的待遇吗？

我听不清你在吼什么

当孩子说了什么很荒唐的话时，大多数父母都会做出反应。他们会问："你到底是从哪儿知道这些东西的？我告诉你，这些都是蠢话。你是在网上还是别的地方知道这些的？"

每当你和青春期的孩子交谈时，你要么是在为未来的交流打开大门，要么是在让他从此闭嘴，这取决于你当时具体的做法。如果你总是摆出一副自以为是的架势，认为自己的回答就是标准答案，那你15岁的孩子哪还有兴趣在餐桌上和你讨论任何话题呢？他又不是傻瓜。如果他说什么都会被你驳回，他就会想："我什么也别说了，只要草草应付一下，吃完晚餐我就可以回去和朋友们发信息了。"

> 我听青少年说得最多的话就是"我的父母不理解我"。

如果孩子在家庭生活中缺乏参与感，觉得自己的意见不重要，因为他们的意见、梦想等都得不到重视，甚至没人愿意听，那么他们很快就会变得沉默寡言。

在我多年的心理咨询从业生涯中，我听青少年说得最多的话就是"我的父母不理解我"。当我问他们为什么这么想时，他们会说："他们根本不听我说话。我说什么他们都不会表示尊重。我在他们的生活中不重要。"

这不需要火箭科学家来解释为什么这一代孩子都不愿和父母说话……即使他们的父母正在对他们说话。

你注意到刚才那句话中的小小的区别了吗？我接触过的大多数青春期孩

子都认为，他们的父母在 99% 的时间里都在"对"他们说话，而不是"和"他们说话。父母对他们指手画脚，告诉他们应该做什么，应该说什么，甚至告诉他们应该怎么想，而不应该怎么想。当然，父母也有真正和孩子谈论孩子感兴趣的事情并与他们心灵相通的时候，但这样的时间可能只有 1%。

简单地说，如果有人告诉你该做什么，什么时候做，怎么做，然后告诉你应该如何感受（特别是如果你不确定那个人是否站在你这边的时候），你会有什么反应？如果事实是你很确定那个人是站在你的对立面的，而且不希望你在生活中有任何乐趣，你会怎么做？现在你已经明白了吧。没有人喜欢被管束。青少年会让你清楚地看到他们的态度——首先是用身体语言，然后是出言不逊。

身体语言是无声的，但它仍然可以达到震耳欲聋的效果。从她的姿势、眼神和咬紧的牙关中，你能看出她想说什么或不想说什么吗？如果你想知道女儿在想什么而她沉默不语，那就看看她的身体语言。它可能会说"我很灰心""我很生气""我很受伤""我觉得自己一点都不重要"或者"我要崩溃了"。因为她是青春期少女，她正处于激素分泌高峰期，所以这种身体语言所代表的含义可能一天一变，甚至一小时一变。甚至还有可能像一位父亲告诉我的那样，"分分钟就变了，尤其是刚满 12 岁那年"。身体语言可能还会说"请你别来烦我。我今天在学校很不好过，我在思考到底还能怎么办。我现在什么都控制不了，我的神经太紧张了"。

有时你的孩子和你一样，需要隐私和时间来解决她自己的问题。试图用说服的方式让孩子开口是永远不会成功的，而且只会让她已经紧闭的双唇闭得更紧。

经验之谈

我采纳了你的建议，不但自己沉默不语，而且不再强迫我那 14 岁的孩子说话了。前 3 次，接他放学时我只说了句"嗨，亲爱的"，接下来在回家的路上一言不发。对我这种天生健谈的人来说，这确实有点怪。但第 4 次我家孩子就忍不住了，他有点困惑地看着我，问道："嗨，妈妈，你今天过得怎么样？"我简短地回答了几句后就又不吱声了。然后他自己开始说话了。谢谢你帮我找到走进我儿子的内心世界的方法。即使我为了抑制说话的冲动差点把自己的舌头都咬破了。

玛丽亚，田纳西州

孩子们每天都承受着巨大的压力，他们时常觉得自己不够好，不够漂亮，不够健壮……不配与同龄人为伍。孩子能从你这里得到什么呢？是实在的鼓励、善意的真相、真诚的共情还是批评、贬低和"你不应该连这都不懂吧"？

唉，真相确实很伤人，不是吗？

坏消息是，你并不完美。那好消息呢？世上没有父母或孩子是完美的。所以，在养育孩子并与他们建立终生关系的过程中，大家扯平了。

当你的孩子正在说一些不着边际的话时，与其打断他，不如试着这样说："嘿，再详细说说。"或者"哇，我从来没想过这个，而你想到了，你真了不起。"或者"你看起来有点心烦意乱的样子……还是有点灰心丧气？"或者"哇，看你脸上的表情，今天一定发生了什么大事。"这些陈述有助于你与孩子进行开放性的交流，你得到的回答肯定不会只是"嗯嗯"。在回家的 10 分钟车程中，你们甚至可能会展开一段有趣的对话。更令人欣慰的是，你会了解孩子的生活和他的内心世界。

跨越高栏

我妈当年对我寄予厚望，她希望我至少能拿到高中文凭。

全世界的父母都对自己的孩子寄予了厚望。有人希望孩子成为优等生，有人希望孩子成为顶级运动员，还有人希望孩子成为明星音乐家。我妈妈对我的期望也很高，她希望我至少能高中毕业（相信我，这对当时的后进生凯文·莱曼来说确实有点期望过高）。对孩子有积极的期望是好事，你会相信他们能成功并鼓励他们去努力。

但是，如果父母的期望过高，就相当于把孩子的人生跨栏定得远远超过他们的能力，世上没有哪个孩子能成功跨越并逃脱脸朝下狼狈跌进沙子或泥土的命运。这样的期望显然是不切实际的。这些高标准的父母通常会这样说：

- "哦，你打扫房间了。是啊，我看得出来。不过下次……"
- "这张成绩单上的 B 是怎么回事（其他的都是 A）？"
- "只要付出足够的努力，你就可以成为名人。"
- "好吧，你应该做得更好一点。我像你这么大的时候……"
- "只要勤加练习，说不定你就可以获得音乐学院的奖学金了。"

那么，这些家长是在说什么呢？他们其实在说："我为你设置了很高的跨栏，希望你能跨过去。如果你这次成功了，下次我就会把它举得再高一点，就像马术锦标赛那样。如果你接下来失败了，我会非常失望，而且我会把失望的心情明明白白地告诉你。"

你这个主意到底是从哪儿来的呢？很有可能当年你的父母就坚持让你跨高栏，而你和自己的儿女一样讨厌或害怕失败。尽管你曾发誓永远不会对儿女做父母对你做过的事，现在却在重蹈覆辙。那是因为你小时候曾经认为"除非能让父母满意，否则我就什么也不是"，这句话就像被录在了磁带上，成年后它仍然在你的脑海里被一遍遍回放。更糟糕的是，现在这句话是从你嘴里说出来的，而且你又把它说给自己的孩子听了。旧的模式很难改变，不是吗？

生活训练

哪怕你只是稍作改变，稍微改变一下你的态度，孩子的态度就会发生 180 度大转弯。

拥有"私人教练"已成为当今的一大潮流。所谓私人教练，就是当你的人生需要一个改变，你却没有勇气、毅力或决心独自完成的时候，会在你身后"狠狠踹你一脚"的人。你可能需要一位健身教练来帮你减减肚子，这样你就不用在每次拉上裤子拉链的时候都狠狠地吸一口气。他会帮助你举重、健身、强肌。你也可以找一位生活教练来让你混乱的生活变得有序，帮助你找到个人价值，为人生的大小事项排出优先顺序。

本书将帮你成为自己的私人教练。每个人都有想要从生活中根除的东西，它们通常是一些过往的经历带来的不良后果，一直影响着我们的人生。可能还有一些人会感到空虚，仿佛生活中少了点什么。这是因为在你成长的过程中某些东西是匮乏的，所以你发誓一定要让自己的孩子拥有它们。我们都是被习惯驱使的生物。过去发生的事情就如一盘磁带，在我们的脑海中被反复回放，并告诉我们该怎么做、该怎么说、该怎么和人打交道。

"大孩子"还是"年轻人"？

家长有话说

- "想叫什么都行，不重要，反正他们也不会来。我太了解他们了，家里就有 3 个呢。"
- "我爸爸不许我们当'大孩子'，他想让我们成为'年轻人。'"
- "'大孩子'不好听，'年轻人'听起来更正式。"

但我们没必要成为那些磁带的"奴隶"。当你真正渴望换一种活法，想做点不一样的事情时，那就放手去做。如果你不做，现在的相处模式会对你们的关系造成很大的伤害。但是，哪怕你只是稍作改变，态度上有些改观，孩子的态度都会发生 180 度大转变。她会从喜怒无常、口无遮拦的叛逆女孩变成问"妈妈，我能帮什么忙吗"的乖女儿。你可以拭目以待。

如果你的孩子看起来郁郁寡欢，不愿尝试新鲜事物，对熟悉的事物也兴味索然，总是对你爱答不理，这个时候你就该反思一下自己了。如果你给他们设定的标准太高，就是在把他们往失败的方向引。孩子们是很聪明的，他们知道这一点，所以会在心里衡量一番后发现还不如不去尝试。还有一种情况是他们会非常努力，会想方设法地讨你的欢心。因为，不管你相信与否，你的孩子都想要取悦你。当他们不能达到你的期望时，就会觉得自己很失败。就像当年讨父母欢心的你一样。

所以，为什么不将你的标准降低一点（或很多）呢？这样不但会让你的孩子如释重负，而且也会帮你自己一个大忙。在今天的美国，有数百万孩子虽出身"名门"却没有发挥出自己的潜力，因为他们担心，如果表现得稍微出色一点，就必须努力获取越来越多的成就，压力就会越来越大。因此，他们选择保持平庸，回避家人和朋友。但其实父母和孩子完全无须这么做。

没有人能每次都成功跨越人生的高栏，我们都会时不时（或经常）跨不过去，跌倒在泥潭里。所以，为什么还有那么多家长继续提高对孩子的要求，使孩子几乎不可能达到他们的期望呢？

我要告诉大家的，就是如何让孩子在 5 天内大变样。但改变得从你开始。

经验之谈

当我在电台听到你说挑剔的、完美主义的父母对孩子要求太高的时候，我感觉自己被人一拳击中。我是一名建筑工人，为了生计不得不辛苦工作，我希望儿子能活得和我不一样。我知道我对他要求太严格了。他是个好孩子，值得拥有一位更好的父亲。我不是那种会轻易给人道歉的人，但我向他道歉了。他什么也没说，只是站在那里。我不知道我们俩接下来会发生什么，我和我的儿子最近关系一直不太好，但我知道这样做是对的。

乔希，伊利诺伊州

关于"应该"

你的步入青春期的孩子有以下这些特点吗？

- 做事有始无终。

- 总是好高骛远，不切实际。

- 一开始干劲儿十足，遇到一点挫折就偃旗息鼓。

- 头脑一热就冲动，但只有三分钟热度。

- 迟迟不行动，总是需要别人在后面推一把。

- 做事有畏难情绪，还没开始就忧心忡忡。

如果是这样，你可能需要好好照照镜子寻找答案。孩子的表现都是从父母那里有样学样。你"应该"从自己身上找原因吗？

- "我今天真的应该去洗衣服了。它已经在那儿放了 3 天了。"

- "我不应该那么做。现在我不得不……"

- "我应该帮忙。毕竟这星期我有一天假。"

- "下次他问起的时候，我应该……"

如果你整天都在念叨或思考自己应该做这个，应该做那个，那你就会在现实生活中错过很多东西。更糟糕的是，你可能会掉进一个陷阱，不知不觉中用同样的方式对待自己的孩子。

- "你在开玩笑吧！你觉得这就算不错了？"

- "我没觉得房间变干净了。"

- "你应该得个 A。"

- "为什么你的作业还没做完？这个时候该完成了呀。"

- "我认为你应该用点心。"

- "你应该更努力一点。"

所有人都讨厌被批评，青少年更是如此，他们对关于自己的每一句评论都很敏感。一句轻描淡写的评价在他们心中重如泰山。而在激素分泌高峰期，即使一句不痛不痒的话也会被他们解读成尖锐的批评，不管你是有意的还是无意的。

大多数孩子都认为，只要能够不被批评，做什么都行。所以他们会选择闭嘴。他们通常会想："如果我什么都不说，爸爸妈妈就不会知道我做了什么，也不会批评我。"

无论何时，无论如何，我们都要避免使用"应该"这样的词。它有效地阻止了青少年和父母的交流。

在孩子处于青春期的这几年，你需要找到新的方式来表达你无条件的爱和接纳。当然，在需要的时候你也要说出一些真相。但是千万不要对你的孩子说"应该"这个词，它每次出现都只会让沟通停止。

我母亲的金句

我母亲是个非常聪明的女人。她知道她的孩子需要听到什么样的话。"孩子，开口之前要先听，先动脑子，"她说，"假如你觉得抱歉，就要真心说'对不起'。"

说得真有道理。

　　反思一下，在过去的一个星期里，如果你在和孩子说话之前先听听，先想想，你是否能做得更好？

　　也许是孩子的态度和伶牙俐齿把你激怒了，也可能是因为你不得不多次要求孩子清理宠物龟的笼子。大多数青春期孩子不会为了服从你这位尊贵的家长的命令立刻从沙发上跳起来，摘掉他们的耳机。他们也不会一听到你的话就停止用手机发信息并说："好的，我现在就去做。"这个时候你最好不要介意，因为就算地球停止自转，上面提到的假设也不见得会发生。大多数情况下，如果你看到孩子以呆滞的眼神和轻微的点头作为回应，那是因为他们生活在一个与你全然不同的世界——看真人秀，发信息给朋友，或思考在学校里遇到的一个问题，所以他们的大脑里根本就没有做家务这根弦。这就是为什么提醒你的孩子做家务除了让你感到挫败以外，不会有任何效果。

有时候你会口不择言，然后又后悔不已。

　　你可以朝着成为一名完美家长的目标努力，但你永远不会成功。那是因为我们每个人都不完美。但这并不意味着我们不能成为好家长。

　　做一名好家长意味着你要足够聪明，知道什么时候应该闭嘴倾听，知道什么时候孩子准备好了听你说话。

　　你当然会犯错误，有时候你也会口不择言，然后又后悔不已。在情绪激动时脱口而出的话肯定不会太好听，更不会有教育意义，甚至可能不堪入耳。

　　这个时候你的做法一定要正确。你要对你的孩子这样说："对不起。我因为情绪太激动说错话了，我不应该那样说的。你能原谅我吗？"

　　你的孩子在看你做了什么，不只是你说了什么。他们需要从你这位做母亲或父亲的人口中听到这样的话。当你做错了的时候，你的态度一定要谦卑并坦然承认错误，这可以让你和孩子处于平等地位，从而显示出你对他们的尊重。

身为父母，让你放下自以为是、高高在上的架子是很难的，但当你真正这样做之后，你就建立了一段足以终身受益的关系。

远航，远航

"但你总是……""你从来不……"

青春期的孩子讲话时总是太偏激，而且永远不想让步，如果你能认识到这一点，就可以在最肆虐的风暴中保持平静。毫无疑问，和他们在一起生活就像随时都面临着惊涛骇浪，他们的情绪在每分钟、每小时、每一天都在变化。如果你任由他们牵着你的鼻子走，那么家庭这条船就会随着汹涌的波涛摇摆不定。但如果你保持冷静，当好舵手，深呼吸，保持微笑，那么这一切都会过去。

虽然你的孩子可能会随时随地说一句"随便吧，无所谓"，但她并不是真心这样认为的。她其实非常关心发生了什么事，但"无所谓"的意思是"我现在不知道该怎么处理这件事！救救我！"尤其是当人生中的风暴来临时，比如被她的第一个男朋友伤透了心；代数考试不及格；最好的朋友决定和她断交；鞋子上黏了张厕纸在学校里到处走被众人围观嘲笑却无人提醒……在这些时刻，她非常需要你。

怎样让孩子开口

- 停止唠叨。

- 不要问："你今天过得怎么样？"

- 不管孩子说的话令你多震惊，你都可以冷静地说："嗯，详细说说。"

- 不要说"为什么"这个词。

当孩子对你出言不逊时，记住你是做父母的，所以不要以牙还牙，让这一刻过去，放孩子一马（尤其是刚放学的时候，这段时间对青少年来说是一段忙碌的时间，他们正试图厘清这一天在学校是怎么过的并努力消化自己的想法和负面情绪）。记住，感恩与宽恕都是非常美好的词语，是它们让这个世界变得更美好。有时你和你的孩子都需要感恩与宽恕。

但这并不意味着你可以任由孩子不尊重你。

一切都与爱和积极的期望有关。你对孩子的爱和期望极其重要，因为孩子在乎你的想法，会把你的信念内化（不管是好是坏），然后让你按照这些信念行事。比较一下"爸爸认为我是个失败者，所以我不妨表现得像个失败者"与"妈妈相信我，我永远都不想让她失望"，你认为哪种信念更好？

你想让孩子成为什么样的人，就以什么样的方式对待他，然后奇迹就会出现。他真的会努力成为这样的人！

如果我告诉你有多少成年人曾经告诉我，他们在家里从来没有得到过任何鼓励，从来没有人说他们是被爱着的、是特别的，你肯定不敢相信，因为这种人实在是太多了。

你想让孩子成为什么样的人，就以什么样的方式对待他，然后奇迹就会出现。他真的会努力成为这样的人！

这就是为什么教育的时机如此重要。孩子们很擅长对成年人的怒吼充耳不闻，不管你在表达什么，很快就会在他们那里变成一些完全不知所云的废话。所以，如果孩子在你面前大放厥词而你对这样的行为感到失望，那么你需要安静下来，保持沉默。俗话说"静水流深"。然后等到你的孩子意识到"妈妈有点不对劲"时，就会主动来追问你："怎么了？你怎么会这么安静？为什么你哪儿也不让我去，什么也不让我做？"

这时候就是你要教育她的时候了，你可以直接告诉她："我不喜欢你两小时前对我的态度。"

当你平静地、带着爱说出真相时，你就是在尊重你的孩子。你需要把标准设定得合理一些，而不应该设定怎么做都达不到的标准。这个时候你已经成功地引起了孩子的注意，并且正在塑造其心灵和思想。你也将使孩子的想法从负面的（"无论我做什么都没事，因为我妈妈不会计较"）变成正面的（"哎呀，如果我那样对待妈妈，日子就会变得不好过。我最好开始尊重她"）。

你平静地完成了这一切（注意，我在这一节中多次使用了"平静"这个词是有原因的），而没有把自己置于风口浪尖上和孩子们硬碰硬。

青春期有时会刮起飓风，但作为家长，你最好表现得明智一点，不要让自己被卷进去。你要做的是平静地坐下来，喝杯咖啡，等待风暴平息。

你最好什么都别说。

抓住青少年的心

最近我女儿劳伦给我看了她的一张数学卷子。"看看，看看……这是什么！"

我故意逗她说："咦，他们什么时候开始用字母来评分了？"

劳伦咧嘴傻乐。她一直在刻苦学习数学，这次考试得了 B，她兴奋不已。我们一家人都开心得跳起了舞，还把那张试卷贴在了冰箱门上。我为劳伦感到骄傲，这是她努力学习的成果。

5 个小技巧帮助你避免与孩子产生冲突

- 不要往心里去。
- 保持冷静。
- 倾听，但不要还击。
- 只有在被问到的时候才提供有用的建议。
- 不要告诉你的孩子该做什么。

要知道，劳伦可是来自莱曼家族，学数学吃力是祖传的。如果我足够聪明，能把我的分数用数学的方式表示出来，我会这么做的，但这么说吧，我的数学知识只能让我在买东西时勉强够用。我高中时初级代数的最后成绩是 22 分，数学 SAT 成绩也很不理想。我没有上过数学课就念完了大学。我选择了统计学课程，甚至学习了高级统计分析，一直到博士阶段。我永远不会忘记向教授们解释协方差分析的经历。但如果你现在把 100 万美元放在桌上说："如果你定义了协方差，我就把这些钱给你。"我会黯然离开。因为我做不到。直到现在数学也不是我的强项，但必要的时候我也会硬着头皮去做。

我有 5 个孩子，每个孩子的数学成绩都很差。但劳伦是学得最刻苦的，最后的结果也证明了这一点。当她拿着那张得了 B 的试卷回家时，我就知道她为此倾注了多少汗水和心血，所以我忍不住说："太棒了！"

但很多父母的反应可能会不一样，他们也许会说："B？我知道你可以做得更好。"好吧，朋友们，B 已经超过平均水平了，对一个数学很差的青少年而言，这是一个不可思议的成绩，值得庆祝。所以我们开了一个派对，然后尽情狂欢！

但我更在意的是劳伦的心灵。她关心别人，对那些受到伤害的人富有同情心并乐于提供帮助。她是奉献型，而不是索取型。

现在请告诉我，你更愿意在世上看到哪一类人，是以自我为中心、争强好胜、不关心他人的优等生，还是善良友爱先人后己的中等生？如果你是一名企业家，你希望公司雇用哪一类人？你更愿意与哪一类人当邻居？毫无疑问，每次你都会毫不犹豫地选择像劳伦这样的人。

在多年的从业经验中，我从来没有遇到一个堪称完美的人。

世人总是容易被外在的东西（如外表）所诱惑并且沉迷其中，而忽视其心灵或思想。有一些女演员，长得非常漂亮、迷人，但在智慧上委实是乏善可陈，在生活中更谈不上有什么闪光点。

有趣的是，在多年的心理学从业经验中，我从来没有遇到过一个堪称完美的人。你的孩子也不会是完美的。但如果你走进他们的内心，鼓励他们认识自己的性格优势，即使你不在他们的身边，你的话也会支持着他们渡过难关。如果你信任他们，接纳他们，肯定他们的优点，你就给了他们应对困境的勇气和力量。

《今日美国》(*USA Today*)上有一篇文章说得一针见血："比起性和金钱，年轻人更喜欢赞美。"这是根据282名学生的回应得出的结论。作家莎伦·杰森(Sharon Jayson)是这么说的：

一项针对大学生的最新研究表明，年轻人对赞美的渴望远超其他欲望或需求。该研究得出结论称，与年轻人从自尊提升中获得的震撼感受相比，性、酒精或金钱根本不值一提。

星期二要做什么

（1）降低标准。

（2）不要对孩子说"应该"。

（3）避其锋芒，免起冲突。

虽然用词稍有不同——我使用了"鼓励"而不是"赞美"，因为在我的定义中，"鼓励"关注的是这个人，而"赞美"关注的是这个人做的事。但不管使用哪个词，很明显你说的话会产生影响。它们关乎你的孩子对自己的想法和感觉，也关乎她面对生活风暴的信心。

所以，恕我直言，当你和孩子交流时，你是在"对"她说话，还是在"和"她说话？在你们的谈话中，讨论的重点是发型和衣服，还是你们的关系？

在这段风雨飘摇的岁月里，你要成为孩子坚定不移的捍卫者。毕竟，在这段时期你可能是唯一相信这个满口说着"随便，无所谓"的孩子的人……

我的母亲现在已经在天堂安息了，在别人认为她那任性的儿子凯文有价值之前，她不得不在很多年里一意孤行地相信我。但为了不让她的信任落空，我不得不让自己变得有价值。她从不贬低我，也从不批评我。她偶尔也会纠正我的错误，但这是应该的。无论说什么、做什么，她总是会留意我内心的感受，由此她永远地抓住了我的心。

你也可以俘获那个满口说着"随便"的青少年的心一辈子。

★制胜之策★

抓住孩子的心。

星期三

归属感比你想象得更重要

如何与孩子的世界保持同步。

一个前帮派头目和我说："我想要的不过是一个归宿，为了得到它，我会不惜一切代价。"

这就是为什么这个现年 29 岁的女孩成了一个内城帮派的女头目……当年她才 16 岁。拉旺娜在芝加哥的卡布里尼格林社区长大，她对那个被她称为"爸爸"的人只有模糊的记忆。他在她 4 岁时就离开了，被遗弃的 3 口之家几乎立刻陷入了贫困。拉旺娜的母亲没有高中学历，也没有任何工作技能，她只能洗衣服、熨衣服，为了养家糊口，她几乎做了所有能做的工作。她很少在家，拉旺娜被留下来照顾弟弟。一年级的时候她就会给自己和弟弟做午餐和晚餐。她说："我爱我的妈妈，但她总是不在我身边。每天晚上 11 点她才能到家，那时我们都已经睡着了。"

由于渴望得到爱和关注，拉旺娜在 11 岁时加入了当地的一个帮派，最终为自己找到了一个"家"。不仅如此，该团伙还保护了她 8 岁的弟弟。拉旺娜说："他们成了我们的家人。"但后来在一场争夺地盘的斗争中，拉旺娜与另一帮派的强硬势力发生了正面冲突，导致她的弟弟被杀。拉旺娜说："那一天我变成了一个我不想成为的人。"

后来拉旺娜隐姓埋名，在另一个州生活至今，就是为了逃避帮派因她退出而展开的追杀。她说："我曾经是一个受伤的小孩，想要爸爸的陪伴和妈妈的爱护。因为我得不到想要的，所以我就得给自己找个归宿。但我不知道为了得到想要的东西要付出那么可怕的代价。"

这个世界冷酷、残忍，不会偏爱任何一个孩子，无论你就读的是当地普通高中还是私立学校，无论你生活的地方是小城镇还是大城市。

每个青少年都需要一个属于自己的地方，而对你的孩子来说，最好的地方就是家。像拉旺娜一样，只要有家人可依，青少年就不会觉得有必要去其他地方——比如帮派、学校里的"高人气"群体，或者和一群"派对狂"混在一起。一项研究证明，青少年与父母的关系越亲密，他们叛逆的可能性就越小；与父母的关系越疏远，他们叛逆的可能性就越大。

如果孩子对家有深厚的情感，感到自己在这里得到了尊重和倾听，那么他们去同龄群体中寻求接纳的可能性就较低。

感到不被爱的青少年还有可能感到压抑，也更有可能因一些微不足道的小事而采取极端手段，例如试图自杀。研究表明，男孩实际自杀的可能性是女孩的 4 倍，而女孩试图自杀的可能性是男孩的 2 倍。根据卫生部门的报告，抑郁儿童会陷入悲伤的情绪，对过去热爱的活动失去兴趣，在自责的同时感觉别人也在批评他们。他们觉得自己不被爱，感到悲观，甚至对未来绝望。他们认为人生不值得继续。

显然，那些感受到被爱并与家人亲近的孩子会做出更好的人生选择，因为他们不会受到同龄人或生活中那些似乎不受他们控制的事情的影响。

　　你能给孩子提供的最大好处就是让家成为他们最想待的地方，是他们想让朋友来拜访的地方。如果你能提供这样的一个家，就增加了将孩子留在家里的可能性，这意味着你能知道孩子在哪里，又和谁在一起。这样的家庭会让孩子产生更多的认同感，有朝一日当孩子离家独自生活时，如果有人试图怂恿他们做一些有害或非法的事情，他们就会有底气坚定地拒绝。比如说："不，谢谢。我是安德森家的人，我们不喝酒。不，我也不吸烟，不喜欢'辣妹'。所以别再问我了。"

　　如果孩子们对家有深厚的情感，感觉自己在这里得到了尊重和爱，那么他们去同龄群体中寻求接纳的可能性就较低。但你该如何着手为其营造这样的环境呢？

经验之谈

　　那天当我和丈夫正在翻修地下室的时候，我们听到了你在《福克斯和朋友们》（*Fox & Friends*）栏目中说的话，你说应该把我们的家变成孩子们想待的地方。我们的两个孩子分别是 11 岁和 13 岁，所以我们决定不把地下室变成一个更大的办公室给在家工作的丈夫用了，而是把它变成娱乐室，这样孩子们就有地方和朋友们一起玩了。你的建议来得正是时候，最后的结果也让我们很欣慰。我们的家现在成了孩子们愿意消磨时光的地方，而且我们喜欢这样！

莎拉和理查德，新罕布什尔州

撑起你的保护伞

你完全可以从孩子那里获得尊重甚至钦佩。那么该如何做到呢？请听我细细道来。

假设你 13 岁的儿子在学校被人欺负了，这个时候他还没有变声，他的声音依然像个幼儿那样又尖又细，身体也没有发育成熟（在一群孩子中显得最弱小），他每周都会有 3 天被人放在体育馆更衣室的大盘子上。上周，橄榄球队的四分卫从他的储物柜里偷走了他的衣服，让他赤身裸体，连一条遮羞的毛巾都没有。这种情况下你会做什么？如果你想让孩子知道他在你的保护伞下，他是安全的，你就要成为他的合作伙伴，也是他的支持者。

首先，在你儿子和其他人都毫不知情的情况下去学校拜访他的班主任。确保不让任何人知道是非常重要的，这样做既是为了你儿子好，也是为了避免此行无功而返。千万不要让你儿子的同龄人看到你和老师说话。所以，你可以在放学后或上学前和班主任约个时间，带上咖啡和蛋糕，让这场会面的气氛更融洽。如果你能直截了当地提出问题，就尽量不要过多描述细节，那么与班主任的会面只需 10 分钟就足以解决很多问题。

如果你没有从班主任那里得到适当的回应，下一步就去校长办公室。上面提到的规则此时同样适用，带加倍的咖啡和蛋糕。但一定要先从班主任开始，争取获得她的帮助。

那你该怎么处理和孩子的关系呢？你可以说："你现在遇到的这种情况确实很棘手。你说得对，这不公平，是不对的。但我为你处理这件事的方式感到骄傲。你没有试图报复其他孩子，也没有口出恶言。"

今年夏天的 6 月到 8 月，你 13 岁的儿子将会上演一场神奇的"大变活人秀"。

然后你可以和他谈谈恶霸到底有多软弱。你可以和孩子说："如果一个人总是欺负一个看起来比自己更小或更弱的人，那就证明他自己很没有安全感。如果他们必须通过打倒别人才能让自己感觉良好，他们就不会把自己看得太重，对吧？"你需要成为孩子的搭档，和他共情，理解他的艰难处境。不过，如果你能让他学会用更长远的眼光来看待这个问题，也会很有帮助。接下来你要悄悄关注班主任和学校行政人员的动向。你绝对不能容忍任何恶霸继续伤害你的儿子。

然后就拭目以待吧！就在接下来的这个夏天的 6 月到 8 月，你 13 岁的儿子将会上演一场神奇的"大变活人秀"。他会以惊人的速度在你眼前长大——身高足足增加了将近 8 厘米，嗓音变得浑厚、低沉。那些恶霸可能在你儿子开学的第一天就得仰视他……或者在他们毕业后的高中 10 周年聚会上。

你会挺过来的。你的孩子也会挺过来的。在这段经历中，你对受到不公对待的孩子表达了共情，让他知道你一直和他同仇敌忾，在意他遭遇的各种伤害，这会让他心甘情愿地站在你的保护伞下。

无论是大事还是小事，都是如此。在青少年的世界里，哪怕只是脸上出现的一个寻常的青春痘，在你女儿眼中就像一把插在她眉心的橡皮飞镖。她会觉得全世界都在看她。这个时候，你需要成为她的搭档，和她一起去当地的药店，让她挑选一些产品试试，直到你们找到一个有效的产品为止。

当你的女儿被朋友背弃时，你要为她提供可以靠着哭泣的肩膀。当你的儿子没能进入心仪的球队时，你要用他最喜欢的特大号比萨帮他排解悲伤。这些小事有助于你撑起自己的保护伞。

当你愿意倾听孩子的心声，成为孩子靠得住的搭档时，你就会获得孩子的尊重，甚至被孩子仰慕。你会给他足够的决心和勇气，让他站起来捍卫自己。

手足之争

早上，就在你惬意地享用咖啡时，你的两个宝贝在早餐桌上开始了打闹。

"你怎么能这样？"一个表达了不满。

"我干什么了？"另一个说。

"你穿走了我最喜欢的牛仔裤，而且你回来的时候牛仔裤上沾着一块大大的污渍！"

"那是你自己穿的……"

> 只要有两个以上的孩子凑到一起，就难免会发生争执。

于是，你还没来得及送他们出门上学，战斗就开始了。

只要有两个以上的孩子凑到一起，就难免会发生争执。尤其是在青春期阶段，如果让孩子们过得太舒服，他们的脾气就会越来越暴躁。

千万要记住，家族树的每个分支都将向不同的方向发展。你的一个儿子可能偏爱音乐和艺术，而另一个儿子可能在运动方面有天赋。你的大女儿可能一本书都没读就得了全 A，而你的小女儿付出了很大努力才勉强通过了几门课的考试。你的孩子们各不相同，你要了解他们各自的性格，了解他们各自在同龄人中遇到的问题，还要了解他们在这个家里扮演的不同角色，这可以帮助你在需要时给予他们最有效的支持。

长子长女往往是领导者，是完美主义者，是充满分析性和批判性的思考者，他们承担着堆得像山一样的家务，因为你知道他们会把它们做完。

排行第二的人往往是"和事佬"，他们常会说："嘿，我们不要兴风作浪，还是夹紧尾巴做人吧。"他们性格随和，善于与家庭以外的人结交，因为这能让他们得到在家庭中得不到的关注。

最小的孩子往往长袖善舞，讨人喜欢，擅长偷奸耍滑而且总是能逃脱惩罚。

试图做到"一碗水端平"（就像许多父母所做的那样）只会引发孩子之间的轻蔑和竞争。

我有 5 个孩子，我爱每一个孩子。我对他们一视同仁，不会对谁多爱一分，也不会对谁少爱一分，但我不会用相同的方式对待他们。为什么？因为他们每个人都不一样。就像在亚利桑那州，同样是被逮到无证驾驶，但一个 12 岁的孩子和一个 16 岁的孩子受到的对待是不一样的。一个可以自由且愉快地坐在乘客座上兜风，另一个则需要获得许可证，然后通过考试获得驾照。

没有人想生活在战区，在那里，炮弹会随意降落并爆炸。

美国的帮派会通过展开地盘之争来获得"尊重"，但如果在家庭中发生地盘之争，无论是在父母与孩子之间还是兄弟姐妹之间，都需要及时制止。

没有人想生活在战区，在那里，炮弹会随意降落并爆炸。这样的刺激在家里是不应该存在的。家应该是一个和平与互相尊重的地方，即使偶尔会发生一些小冲突。家庭成员应以尊重、公正的方式处理这些问题，并以提出一个对所有人都可行的合适的解决方案为目标。

那么，在家中的这些小冲突引发"全面战争"之前，你该如何处理呢？

你必须对一件重要的事情做到心里有数。为什么那些兄弟姐妹在你面前吵架？因为他们想把你拉进来。他们想让你选择站在哪一边，这样他们就能说："看吧，我告诉过你，妈妈喜欢我胜过喜欢你。"战斗就是竞争。这实际上是一种合谋！所以让你的孩子们打去吧……但切记保持公平。

公平战斗的 5 条基本规则

（1）说话时必须尊重对方，粗俗的语言是不被接受的。

（2）轮流讲话，一个人讲完后另一个人再讲，不允许中途打断。

（3）禁止任何形式的虐待，无论是身体上的、语言上的还是情感上的。

（4）交战双方待在一个房间私下讨论，不让任何人听到。

（5）在没得到双方都满意的结果前，不要出来。

下次当孩子们又开始他们小猫小狗式的打闹时，如果其中一个说"为什么她可以这样做？你可从来不让我这么做"，请试着表现出一点幽默。

你可以说："哦，这个啊，那不是因为我们更爱她吗。"

这就是我们莱曼家族的处理方式，而且你肯定会得到一个夸张的回应："哦，爸爸……"不过我们是一个经常以幽默的方式缓解矛盾的家庭，所以它对我们很有用。

如果你不喜欢幽默，试试直截了当地推理发生的事情。

"好吧，你是真的想让我像对待你的小妹妹一样对待你吗？"

"对，我就想那样，"你儿子说，"凭什么让她占尽好处。"

"好吧，"你平静地说，"从今晚开始，下周你每晚的就寝时间是晚上八点半。以后每周你的零用钱是 10 美元，而且……"

"呃，我不是那个意思！"你的儿子立刻转变了口风。

"那你是什么意思？"你继续追问。

你看，你刚刚把你家那个小子击得溃不成军……他会脸红得一塌糊涂。事实是，他无法忍受他的妹妹得到了他没有得到的东西。但当你向他指出另一个问题时，他的态度的转变速度会令人惊讶。

你甚至不需要提高嗓门，也不需要指指点点地说教，不是吗？

取胜之策

"但是，莱曼博士，"你可能会说，"我没办法阻止我的孩子们打架。"

对，你说得没错，你阻止不了他们打架。但你可以在你有所察觉的情况下阻止他们打架。不过这样一来就少了很多乐趣。

你可能认为自己在孩子的生活中无足轻重，现在他已经十几岁了，有了自己的朋友圈，会自己开车了。但是，家长们，你在孩子心目中的地位依然举足轻重。你还停留在赛场上，比赛时间还远未结束。没有你，你的孩子现在连条干净的内裤都没有。你明白我说你比自己以为的更重要是什么意思了吧？

让好斗的小公牛们去互相顶角吧，不要插手。

你要做的事情已经够多的了。因此你要让你的孩子学习如何处理人际关系，了解何为公平竞争，最好的场所就是在你的家里。所以，家长们，让好斗的小公牛们去互相顶角吧，不要插手。这是让他们速战速决的最好方法。

有太多家长把大量时间花在调停家中几个孩子的争吵上。但不要像朱迪法官一样公事公办地对责任方重拳出击。不然你就做好在晚上 8 点被孩子们逼疯的准备吧。

你可以选择另外一种方法，当孩子们开始打架的时候，把他们带到一个房间——最好是这个家里最不受欢迎的地方，比如你狭窄的办公室，在那里他们不得不面对面地紧挨着站在一起。当然去室外就更好了。然后给他们传达指令："你们自己把这个问题给我解决好，给你们 20 分钟的时间一起想办法。一会儿我再回来检查。"

我保证你的孩子们几分钟后就会离开那个房间，然后跑过来对你说："都解决了，妈妈。"

但解决方案是什么？你对交战双方这么容易就达成协议心存怀疑。所以你很实事求是地问："具体说说，你们是如何解决这个问题的？"

如果其中有一个孩子诡计多端而且意志强硬，而另一个孩子随性懒散，那我可以告诉你，在很大程度上，那个更强硬的孩子会决定解决方案是什么。

不过，精明的家长可不会就此打住，他们会让子弹多飞一会儿，他们可能会追问："这真的是你们想要的结果吗？"这样做你就给了孩子说话的机会。

"嗯，不完全是，"她说。

"那么，"你坚定地说，"你们需要再多谈谈，直到你们给我一个公平合理的解决方案为止。我认为现在这个方案失之偏颇。"

这个时候孩子们会亮出他们的"内疚牌"来对付你，指责你把他们当小孩子对待。

"不错，"你平静地说，"但谁让你们表现得像小孩子一样呢，所以我认为这样做很合适。"

没有一个青少年愿意被称为小孩子。你的信息会被传递出去的。下次他们就不太可能在你耳边吵架了。如果他们这样做了，那就再如法炮制一回。

家长们，走到一边，让他们自行解决吧。不要急于解决不属于你的问题。

经验之谈

读过你的书后，我知道原来我是一个排行中间的孩子，一个很容易形成讨好型人格的人。所以，当我的4个孩子（分别为6岁、7岁、14岁、16岁）打架时，我最想做的是让每个孩子都开心。直到在一次女性集会上听到你的演讲，我才意识到自己在很大程度上被孩子们控制了。在开车回家的路上，我发誓以后再也不会这样了。下一次他们吵起来的时候，我把两个打架的孩子放在了浴室里（因为你说的是家里最小的房间），让他们自己去解决问题。在不到24小时的时间里，我对大一点的孩子用了两次这种方法，对小一点的两个孩子只需要用一次。这真的很有效！

桑德拉，犹他州

特殊情况

> 兄弟姐妹经常会嫉妒因有特殊需求在家中得到额外关注的那个孩子。

如果你的孩子有特殊的需求，也就是说，他们在身体、精神或情感方面有缺陷，那你对家中的手足之争应该具备怎样的意识？在我早期的心理执业生涯中，我的经验告诉我，兄弟姐妹经常会嫉妒因有特殊需求在家中得到额外关注的那个孩子。他们还会得到很多额外的东西。虽然兄弟姐妹知道他们在某些方面存在着困难，也目睹了是什么样的困难，但他们在情绪波动中很容易想到："哇，什么好处都是他的。不公平。"

米奇在家里排行老二。她是一个"和事佬"，总是在两个兄弟发生争执时充当调停者。她的哥哥是典型的长子，有一种固执己见、说一不二的性格。她的弟弟弗兰基患有唐氏综合征，还有其他一些生理缺陷。因为弗兰基接受的是特殊教育，所以家里的安排很大程度上是围绕着弗兰基的需要来做的。米奇有时会在这样的混乱中感到失落并心生嫉妒。她不能像她16岁的哥哥那样开着家里的车离开，所以她经常被留下来照顾弗兰基。是的，她爱她的弟弟，但她曾经这样告诉一位亲友："所有人都只顾着对弗兰基嘘寒问暖，讨论的话题全是关于他的，弗兰基这个，弗兰基那个。难道我就无关紧要吗？"

但有趣的是，那些一开始对家里某个有特殊需求的孩子感到嫉妒的孩子在长大后往往会加倍保护那个兄弟或姐妹。

我也亲眼看到，一些家庭虽然有孩子属于特殊群体，但这个家也往往受到了特殊的眷顾。这种家庭的孩子们通常是非常团结的队友，在健康问题、情感问题、学校教育和其他生活方面同心同德，并肩作战，然后变得更强大。

生命是宝贵的。我们的体型、优缺点各不相同。但有特殊需求的孩子给家人的远远多于他们索取的。

问问米奇就知道了，当有人骂她心爱的弟弟愚蠢时，她会挺身而出为他辩护，而且她反击对方的言辞可比律师高明多了。我相信，在听完她的话后，不会再有哪个孩子对一个有特殊需求的孩子那样做了。

家庭责任

你可曾见过有人站在城市一角，手举写着"我愿为换取食物而工作"的牌子吗？好吧，从现在开始你的孩子就需要为换取食物而工作。这就是我想表达的意思。

当今的孩子们得到了很多被他们视为理所当然的好处。正因如此，他们往往将那些本应作为奖励给予自己的东西视为他们应得的权利，在所有与他们相关的事情上都是如此。但是，如果你的孩子真的想成为家庭的一员，那么他也需要"为换取食物而工作"，即成为家庭的一员需要打扫自己的房间、倒垃圾、哄小妹妹、跑腿，等等。

家不是一个人休息、放松、睡觉而其他人都在工作的地方。家也不是一家有客房服务的酒店，没有专门的工作人员来处理脏床单，没有人将盖着盖子的饭菜推到你的房间，你也不能把脏盘子往走廊上一放了之并等着其他人取走。

家是一个人人平等的地方，在这里每个人都受到尊重，每个人都会尽自己的义务。

不过，有一点我要说清楚，人人平等并不意味着你作为家长不应该拥有一定的权威。

在我们的文化中，有两个最热门的词，它们能立即引起人们的反应，那就是"服从"和"权威"。有些人听到这两个词可能会有如同膝跳反射一样的条件反射，因为他们视之为负面词汇。不过，如果你仔细想想，如果你受制于某人的权威，你就是在服从。但这并不意味着你比对方差或低人一等。服从就代表家里有秩序。如果没有人管事，家里就会乱成一团。

我们都见过那些在自己家里被当作王子一般对待的宠儿，他在其他地方也表现得像王子一样。他是老师们在餐厅里讨论的那个被宠坏的可怜孩子。他在班级里也交不到朋友。所以，父母将孩子视为他们宇宙的中心，真的对孩子有好处吗？我不这么认为。

> 如果你不赋予孩子任何责任，那么他们怎么能学会负责任呢？

现在有些孩子对伤害父母毫无心理负担，比如打他们、踢他们，等等。更糟糕的是，父母也接受了这样的虐待。事实上，这种情况一直都在发生。任由孩子打你不仅是错误的，而且会让孩子深受其害，对你而言就更有害了。如果你面临着这样的情况，那么你一定要叫停。你必须捍卫自己。如果你的孩子变得太暴力或太叛逆，那就寻求外界帮助来处理这种情况。永远不要容忍家里发生任何形式的虐待。

当你以权威人物的身份培养孩子对权威的尊重时，你就是在把他们培养成受人尊敬的权威人物。否则你该怎样将责任的接力棒传递下去？

但如果你不赋予孩子任何责任，他们怎么能学会负责任呢？

家庭生活隽语

- 每个人都像雪花，世上没有哪两片是相同的。

- 自食其力。

- 尊重彼此的差异。

- 人人为我，我为人人。

这就是为什么一定要让 11～19 岁的孩子有机会参与家庭事务，而且他们是完全有能力对这个家做出贡献的。只要开好了账户，11 岁或 12 岁的孩子完全可以在网上支付家庭账单或整理报税所需的收据和慈善捐款单。16 岁的孩子完全可以给当地的汽车修理厂打电话安排换机油的事情，还可以自己把车开过去，在等待的同时顺便做家庭作业。17 岁的孩子则有足够的能力做好一周的饮食和购物安排了。

当你的孩子为家庭做贡献时，他们会更融入这个家，成为家庭中不可或缺的一部分。他们需要力所能及地回馈家庭，这样才能感受到与这个家紧密相连。

回想一下美国赖以建立的农业根源。在农耕社会，青少年们有着明确的目标。就连将每学年定为 9 个多月，夏季有两个半月假期的安排也是建立在年轻人必须帮助收割庄稼这一理念上的。

现在，对于年轻一代来说，"劳动"是个陌生的词。什么是劳动？就是让你早早起床，穿好衣服，去某个地方埋头苦干，几乎没有时间吃午饭，在一天结束时疲惫地回到家，刚好赶上睡觉……然后第二天起来重复同样的程序。

现在很多孩子什么都不干，也不用回报任何人。难怪说我们正在抚养"自我的一代"。甚至连刚刚学步的幼儿和学龄前儿童都会振振有词地对父母说"你不是我的老板"，而且不会受到任何惩罚！

确实，我们不是孩子的"老板"，我们是他们的父母。这个角色被赋予了天然的权威。再次强调，具有权威并不是指那些发号施令的专制型、监控型、自以为是型家长，也不是那些"嘿，宝贝，什么都行，要我顺便帮你擦擦鼻子吗？"的纵容型家长，而是指那些疼爱孩子、处事公正并关心家中每个人幸福的权威型家长。

没有哪一名家庭成员比家庭这个整体更重要。

我想再次强调的一点是，没有哪一名家庭成员比家庭这个整体更重要。也就是说不应该让任何人成为家中的绝对主角。天下没有免费的顺风车，每个人都要做出自己力所能及的贡献。

所以为什么我们要让还是个小豆丁的孩子说了算呢？为什么要让他们从小就养成一种与父母作对的行为和态度呢？

星期三要做什么

（1）成为孩子的合作伙伴。

（2）不要包揽不属于你的任务。

（3）不要让孩子把家当成酒店。

正如一句广告词所说，"别在家里尝试这么做"。真的不要。这对任何人都没有好处。

不过，让我给你一些可以在家里尝试的东西。如果和你接触的是 2 ~ 4 岁的小孩子，那么你可以向他伸出你的手臂，但如果你只是轻声地说："过来。"我猜这个孩子会掉头就走（99% 的概率是对的）。

如果你想让那个孩子向你走来，你只需要轻声地说"过来"，然后开始缓慢地后退。你会看到奇迹在你眼前发生。那个蹒跚学步的小孩会一步步向你走来。

这就是青春期孩子的家长应该采取的行动，既要张开双臂表示欢迎，也要向后退。当你这样做的时候，你就是在用你的行为、态度和品格对孩子说："年轻人，跟我来。"

你的孩子在成长过程中一定会追随某个人的脚步。你希望那个人是谁？

你的孩子一定需要某个归宿。你希望它是哪里？

让孩子追随你的脚步，让孩子在家中找到归属感，这可以改变他们的世界。一起劳动一起玩乐的家庭会紧密团结在一起。

★制胜之策★

关系就是一切。

星期四

"你被禁足了！"

你会因为什么将孩子禁足？这种惩罚是对事还是对人？在本章，我们将讨论如何培养一个有处世智慧的孩子。

我认识一个动不动就被家长禁足的孩子。如果忘了扔垃圾，他就会被禁足；如果没有按时打扫房间，他也会被禁足。就在上周，他又被禁足了，原因是他在一门科目的考试中只得了 B，尽管成绩单上其他科目的成绩都是 A。我知道你们有些人会说："什么？你在开玩笑吧。如果我的孩子带一个 B 回家，我会乐得在客厅跳起来！"无论你对孩子的成绩采取的是什么策略，我都得说，因为孩子得了 B 就被禁足确实是有点过分了。

不过仔细想想，在英语里面，"禁足"（grounded）一词还有"脚踏实地"的意思，难道你不希望自己的孩子"脚踏实地"吗？从这种意义上说，如果你的孩子是"脚踏实地"的，就代表他能坚定自己的想法和信仰，有信心做出正确的选择，做正确的事情，不管你是否在旁边监督他。

只有那些被赋予责任的人才会成为负责任的人。那么，你会给你的孩子什么样的选择呢？很快他就要独立生活了。你希望他过一种什么样的人生？

你每天都在往孩子的行囊里塞东西，这些东西可以帮助他们更好地应对生活，既包括还在你庇护下的生活，也包括将来他们离巢之后的生活。不过你往行囊里塞的到底是什么呢？是真正有价值的东西吗？服装和发型会像风一样变化，你永远猜不到下一本时尚杂志的封面人物会是谁。但是，良好的工作态度、正直诚信、尊重他人、勇于担责等良好的品格永远都是被看重的，值得信赖、敢于直言等重要品质足以为孩子的一生奠定坚实的基础。

走进青春沼泽

没有一个青少年愿意承认这一点，但这就是事实。除非你的孩子在幼年经历了长期的虐待和动荡不安的生活，否则他会和大多数青少年一样，带着懵懂的纯真走进青春期。这样的纯真与迷茫会让父母既爱怜又担心，甚至惶惶不安。你心爱的宝贝，在家里被百般呵护地长大，长辈把他当作整个宇宙的中心。而他现在要去中学校园里和那些你看不惯的臭小子们打交道了。这些臭小子是什么样的呢？他们：

- 每一句话都带脏字；
- 来自完全不同的成长背景；
- 不认为说谎有错；
- 贪得无厌，为达目的不择手段；
- 满脑子想的都是如何让自己在同龄人眼中显得光鲜亮丽，只顾私利不管别人死活。

什么？你不觉得外面的孩子是这样的？如果你的生活背景和家庭环境将你保护得比较好，那你不妨在课间到中学的走廊里散散步，也可以在放学后去操场上转一转，听一听，看一看。我保证你的眼睛和耳朵将为你打开一个令人震惊的新世界。

孩子进入青春期后，一定要让他们实实在在地感受到自己是属于这个家的，是受到家庭庇护的，因为你教给他的那些价值观在这几年中会以多种方式得到检验。你的女儿会目睹其他孩子做一些她明知是错误的事情，但她会不由自主地附和，而她这么做只是为了融入他们。你的儿子会在新环境中感受到竞争的压力，并身不由己地做一些让自己显得更"酷"的事情。

建立合理边界

现在你的孩子已经是一名青少年了，你不能一直站在他的身边为其遮风挡雨。但你可以在一些关键的方面建立起合理、尊重的边界，这样会给孩子很大的帮助。

宵禁

面对刚刚进入青春期的孩子时，家长们问我最多的一个问题是"我的孩子应该在晚上几点前回家"。

但最要紧的并不是时间。如果你在孩子很小的时候，就给他们一定的自由，让他们能做一些与他们的年龄相匹配的选择，那么他们就能学会在任何时候都做出负责任的选择，你就不用担心时间的问题了。

当我十几岁的孩子和朋友出去玩时，他们会问我："爸爸，我应该几点回家？"

我会耸耸肩说："在合适的时候。"

我为什么要这么说？因为在孩子们的成长过程中，我会一直给他们提供自己做选择和负责任的机会，他们做到了。所以我不需要说："你一定要在晚上 11 点前到家，不然要你好看。"事实上，他们通常在我想开始找他们之前就已经回家了！

这是因为我们在此过程中形成了对彼此的信任和尊重。我们可以互相交谈，而不是互相指责。我的孩子们知道他们属于莱曼家，我们莱曼家族的价值观是坚定不移的。

开车

当我们有 3 个孩子都达到了法定驾龄时，我和桑德决定不规定家里的车该怎么用，而是让我们的几个孩子——霍莉、克里斯和凯文二世——商量着制定规则。我为什么要这么做？我是这么告诉他们的："好了，伙计们，我要让你们看看，如果你们每个人都开车，花销会有多大，这可是一大笔钱。（我给他们看了我的保险公司账单）我带你们去车管所办驾照，可不是因为我认为你们是笨蛋。你们很有头脑，我喜欢你们的想法。但我得对你们的一切行为担责，不管你们做了什么，保险公司都只会唯我是问。所以我希望你们花点时间，写下你们心目中应该如何管理家用汽车的规则。然后我们再一起看一看，确定了之后就把它们贴在冰箱上。"

如果你让你的孩子制定规则，结果可能会让你感到惊讶。以下是我的孩子们自己想出的 3 条规则：

（1）永远不要把油箱空着的车开回家；

（2）晚上 10 点前回家，绝不迟到；

（3）与你同车的朋友不要超过两位。

如果你让孩子们自己制定规则，他们就不太可能反抗和违反这些规则（毕竟，他们是第一个提出这些规则的人），比如规定开车时不能发信息。所以，请让你的孩子拥有建立界限的自主权。

责任

我在本书中一直强调，一定要让球落在合适的场地，让孩子承担属于他们的责任。不是你的球就不要接。从现在开始，孩子所做的一切应由他负责，而不该由你负责。谁的错谁来担，谁都不该推卸责任。有句古老的谚语说得很正确："那些用一根手指指着别人的人，就是在用三根手指指着自己。"孩子的行为举止、脾气品行都属于他自己。他需要在不受你干扰的情况下，亲身体验它们带来的好处和恶果，因为这就是现实世界的运行法则。

家长们必须精明世故一点。太多的父母没有注意到沙发上有一头"大象"。例如，如果你的孩子总是有很多零花钱但并没有在外面打工，也许你应该调查一下他的钱是从哪里来的。

无论你的孩子遵从什么样的信仰和价值观，你都必须用尊重他/她的方式与其交流，但也要严肃和直接。你必须明确告知孩子"在家里是不允许喝酒的""你不能和女朋友关着门待在卧室里，任何情况下都不行"。你必须做好足够的心理准备，在必要的时候和孩子对质。不然，你就让现实教他们如何做人。

经验之谈

在过去的两年里，我都数不清我儿子说过多少次"但你为什么不告诉我？"好像他不在他该在的地方是我的错一样。然后我听到你说要把球放回它该放的场地，意识到我儿子不是问题所在，而我才是。是我总是让他得逞，最终导致他养成推卸责任的坏毛病！我真是愚蠢。

当时我就发誓以后再也不这样了。后来有一次他错过了足球训练，然后冲进厨房把责任推到我头上说："妈妈，你怎么不告诉我？"

"这不是我的足球训练。这是你的。"我只说了这么一句话。

我儿子张口结舌，最后只能悻悻地闭嘴。他肯定在那里一脸困惑地站了好几分钟。不过现在他开始自己检查学校的时间表，并在早上告诉我他有活动了。你说的方法真管用！

乔琳，堪萨斯州

禁果

有一天晚上，我正在看电视节目，劳伦的一位朋友过来了。就在我们寒暄的时候，我碰巧看到了电视屏幕上的内容，就说了一句："好家伙，这可是黄金时段的电视节目，有点过分了吧。"节目上一个男孩正和一个女孩做非常亲昵的行为，而且就在晚餐时间这么肆无忌惮地让全美国的孩子都看到。

劳伦的朋友接过话茬说："莱曼博士，我还没有忘记您七年级来我们班参观时对我们说的话。"

"哦，"我说，"说了什么？"

"您叫我们管好自己的裤腰带。"

教育孩子关于性知识可不是在他们八九岁的时候给他们随便"讲一讲"，然后说"哇！我很高兴我们上完了这一课"，就觉得自己已经完成任务了。当然，这样的交流应该是你和孩子在紧闭着门的房间内完成的。

青春期男孩需要知道的 3 件事

（1）女孩子不喜欢被强迫做她们不想做的事。

（2）管好你的裤腰带。

（3）对约会对象要尊重和友善。

青春期女孩需要知道的 3 件事

（1）你不"欠"约会对象任何东西，包括任何形式的亲昵举动。

（2）如果一个男孩说他爱你，但等不及要和你发生过分亲昵的行为，那他和你在一起不是出于"爱"，而是出于"需要"。

（3）你的穿着会影响男孩对你的看法，因为他们会受到外表的刺激。你可能很喜欢那件紧身衬衫，因为它能展示你的身材，但它很可能在向你的约会对象传达另一种错误的信息。

与上面的描述相反，你需要长期持续地和孩子讨论有关性的事情。当电视上出现与性相关的画面时，你要适时地做出评论，告诉孩子你的价值观和信仰体系并不赞同这样的价值观。在对待不同性别时你要表现出同等的尊重。你要回答孩子提出的一系列问题，比如什么才是真挚且忠诚的爱情，婚外性行为会在情感和身体上带来哪些后果，等等。当孩子想了解真实情况时，你也要坦荡地谈论一些可能让你感到不舒服的话题。

如果你的孩子开始约会了，那么，妈妈们，你得和你的儿子谈一谈。爸爸们，你得和你的女儿谈一谈。这些跨性别的对话非常重要。谁能比一个男人更了解男人们在想什么呢？谁能比女性更能说出她喜欢或不喜欢男性对待女性的方式呢？

我曾经在另一本书中深入地讨论过这个话题。和孩子的讨论具体该如何展开呢？可以参考我的以下这些建议。

- 把重点放在生物性上面，即两性的生理机能。

- 向孩子客观地解释一下什么是性。我们必须强调身体和思想都要纯洁。

- 强调性是神圣的——它意味着一个男人，一个女人，在彼此忠诚的婚姻关系中，一生一世一双人。关系应该建立在对彼此的尊重之上，而不是建立在"需求"之上。

- 告诉他们为什么等待很重要。把统计数据摆在他们面前，同时告诉他们，当涉及性传播疾病和意外怀孕时，"这种事永远不会发生在我身上"的说法有多不靠谱。使用避孕套也不能完全保证性行为的安全。

- 告诉孩子一旦把自己给了出去，就再也不会有"第一次"了。

- 如果你的孩子正在约会，你得为他们制定一些规范。"在你进入恋爱这一人生阶段时，我们需要讨论一些指导方针。如果你要带个女孩回来，你觉得哪个地方最能保护你的隐私？"

"当然是我的房间，"你儿子会说。

"不行，这不是可选项。不过我可以提供一个方案。如果你带约会对象回来，我会和她打招呼，和她聊会儿天，然后我会走开去家里其他房间忙一会儿，这样你在客厅里也能有隐私空间了。如果你想和女友一起看电影，我和爸爸会在其他的房间找点事做。"

是的，你们共享同一间客厅，但你想让你的孩子知道，客厅也是可以用来进行社交活动的。让你儿子的约会在你的地盘上进行，你就像是有了一个高级包厢，可以看到他在约会时是如何表现的，还能了解和他约会的女孩是什么样的。

　　因为青少年只关注"当下"，而很少会去考虑未来 5 年、10 年的事情，他们连下个周末的事都懒得去想。但你可以换一种方式问他们：如果 10 年后你在高中同学聚会上看到了和你约会的男孩或女孩，你能微笑着和那个人打招呼吗？能自然地把他 / 她介绍给你的妻子 / 丈夫吗？你会感到尴尬吗？这么一想事情就不一样了，不是吗？

经验之谈

　　我女儿 14 岁，但她看起来像 18 岁。商场里的每个男人都盯着她看，她说她讨厌被人过分关注。不过，我始终无法让她明白，穿紧身牛仔裤和紧身背心不仅仅是一种时尚宣言，而且是一种"嘿，好好看看我"的声明。一个听过你演讲的朋友给了我一个建议，让我试试，我丈夫也同意了。于是他带瑞秋出去吃饭，向她解释男人的想法。

　　瑞秋没有告诉我那晚过得怎么样，但第二天我注意到了她的变化。她仍然穿着同样的牛仔裤和吊带背心，但这一次她在外面套了一件长衬衫，掩盖了她的曲线。她明白了。你是对的，我要做的就是让她有机会听她爸爸说说男人的想法。这肯定比总是唠叨她的穿着要容易得多，压力也小得多。

　　　　　　　　　　　　　　　　　　　　　　　　　苏珊，华盛顿州

信仰与价值观

　　你真的希望孩子的信仰和价值观与你的完全一致吗？我希望不是，虽然这可能让你感觉有点奇怪。多年来，你一直在孩子们面前传授、宣扬并践行（或不践行）你的信仰和价值观。你的行为往往比你的言辞更有说服力。但这种想法有时很伤人，不是吗？但我们都不完美，在压力之下难免言行不一。现在，当你的孩子进入青春期时，他们会开始思考你试图践行的那些价值观和道德观是否正确，并决定是接受还是拒绝。

用事实说话

情境1：你儿子忘了把车钥匙还给你，导致你无法按时去看牙医。

处理方法：下次他想要再用车，门儿都没有。

情境2：你女儿花光了所有零用钱，而现在才是这个月的第10天。

处理方法："哦，这可麻烦了，"你说，"那看来你得动动脑子想点办法了，因为你要到月底才能拿到下一笔零用钱。"

情境3：你儿子借了你丈夫的高尔夫球杆，回来时7号铁杆不见了。

处理方法："我知道你爸爱你，他也爱我。但我不太确定7号铁杆在他心目中占据什么地位，只知道它对他来说非常重要。所以你最好想个办法，要么快点把它找回来，要么花钱买一根新的，因为我了解你爸爸，他肯定会很恼火。"

情境4：你的女儿对晚餐大肆批评。

处理方法：你什么也没说，只是把食物从她的盘子里拿走，但晚上把厨房门锁上了。后来她想出门的时候，你说不行。当她问为什么时，你说："我不喜欢你对晚餐的评价。你不喜欢那些食物，所以我把它们从你盘子里挑了出来，这样你就不用看着这些垃圾生气了。但是，它们是我花了几个小时辛辛苦苦做出来的。如果你不尊重和欣赏我的努力，我也不想开车送你去任何地方。"

这就像沏茶的时候把沸水浇在茶叶上一样。是时候让他们接受他们迄今为止拥有的价值观，并在现实世界中测试它们了。最终的结果可能是一杯色泽鲜亮的好茶，也可能是一杯泡得一塌糊涂的隔夜茶。不错，你可以提供帮助和指导（毕竟，你仍然是家里的权威），但你的孩子现在已经是一个会思考、会做事的准成年人，而且很快就会独立生活了。所以，如果她要测试这些价值体系，最好的时机就是现在，趁着她还有你这个现成的顾问。

家庭、学校及其他场所

青少年的社交活动很丰富，而且他们开始与家人渐行渐远，因为他们待在家里的时间越来越少。这就是为什么在孩子十几岁的时候，一定要让他们坚定地站在你的保护伞下，这样才能保证他们的平安和幸福。即使青春期是一个社交活动异常丰富的时期，依然要保证与家庭相关的事务是第一优先项，包括家庭活动、共进晚餐、家务分担、假期安排，等等。第二优先项必须是学业，要保证孩子能付出足够的时间，取得与他们的个人天赋匹配的成绩。除此之外的任何东西，不管是打工还是朋友，都是生活中"额外的"选项，是在前两个任务充分完成的前提下才应该存在的。

但是，让我们来看看大多数青少年的日程表，你会发现他们的优先顺序是这样的：

（1）朋友；

（2）学校及学校活动；

（3）家庭（有时候有幸跻身于上述第 1 项和第 2 项之间）。

难怪今天的家庭成员之间比以往任何时候都感觉更加疏远，青少年也感觉不到家里有人关心他们。

活动陷阱

我亲爱的妻子——乌平顿太太，特别喜欢过圣诞节。每到圣诞节，她就会把整个房子从上到下、里里外外都装饰得喜气洋洋。我们家的圣诞树通常高达 3 米多，上面挂的装饰灯足足有 3 000 多盏（这还只是一个保守的数字），当然，这些灯都必须连上插头，接通电源。而作为家里一个对电路一窍不通的"天才"，有一年圣诞节，我决定把所有的灯串连到一个大的接收器上，而不是把它们分别插上。

突然，"噗"的一声巨响，只见火花四射，有一些火花径直朝我飞来。当我猛一转头看向那棵圣诞树时，发现有 17 根松针射入了我的脖子后面。不过，这次意外也教会了我一些道理，其中一个是，电路过载会产生某种严重后果。

要判断孩子是不是忙得不可开交，你只需看看放在他面前的每周日程表就可以了。很多孩子非常能干，在许多领域都有建树，他们追求成功，努力上进，学习上也是优等生，但他们要做的事非常多。你的孩子可能每晚要做 4 个小时的家庭作业，要参加学校的演出，要上钢琴课，还要参加运动队，难怪他会忙得昏天黑地。如果我必须得做这么多事，那我也会左支右绌、疲于应对的。

你想问以前我是什么样的吗？我当学生的时候可没有忙得不可开交，反而有些无所事事。我以前经常在星期一和星期五逃课，我喜欢一周只有三天的课程安排。我上学就是去学校露个面，仅此而已。

但是有些青少年就像劲量兔子（一种玩具）一样不停地走啊走啊走……直到最后它们的电池电量耗尽并彻底倒下为止。

活动过多对孩子没有好处！

但凡读过我的任何一本书，你都应该知道我的立场：活动过多对孩子没有好处！有些孩子在生活中不知所措是因为他们在学校表现不佳，要在这个屡战屡败的地方取得成功让他们感觉压力巨大。另一些孩子不知所措则是因为他们在很多事情上都很出色，因此他们很难只选择一件事来做。

不管什么时候，你首先是一位家长。但有时候你也需要客串一下心理医生。所以，现在你不妨暂时扮演菲尔医生，和我一起分析一下你的孩子和你的家庭目前是什么状况。

你的孩子是在全速奔跑吗，就像劲量兔一样？如果是，为什么？她是不是在想以下这些问题？

- "只有功成名就，我的人生才有意义。"
- "只有每个科目的成绩都是 A，我的人生才有意义。"
- "只有把别人交给我的每件事都出色完成，我的人生才有意义。"
- "只有能做到的时候，我才有价值；如果做不到，我就没有价值。"
- "只有不让别人失望，我才有价值。"

我认识一些在高中时门门科目的成绩都得 A 的孩子，他们都是勤奋的"书呆子"，他们会成为在毕业典礼上致告别词的代表，但在生活中却一败涂地。

每个孩子都需要休整期，在这段时间里他们可以创新、做梦，或者发呆，总之不需要一直有事要做。你的孩子需要从持续忙碌的压力中解脱出来。每个孩子都应该像个孩子那样生活。在你家孩子的时间表中有这样的休整期吗？

作为在家庭中拥有权威的家长，你有能力对你的孩子说"不"。你应该对孩子说："不行，你不可能什么都做。现在你必须有所取舍。"

然后你作为孩子的家长，也作为暂时的心理医生，要给孩子足够的力量与底气，鼓励他们做出决定……为此，你要坚定地站在他们身后，不管什么时候，只要孩子需要，就给予全力的支持。

经验之谈

我们终于摆脱了枯燥乏味、疲于奔命的生活，这种感觉太好了！我们家有四个孩子，以前从星期一到星期六简直就是一段疯狂之旅，因为每个孩子都有好多活动要参加。在两个大一点的孩子进入青春期后，这种情况好转了一点，但后来他们参与的活动变得更多了，我们与他们相处的时间更少了。有好几个星期，我觉得自己除了睡觉的时间之外就没从家里那辆 SUV 上下来过，我一直在开车去这去那。

但这种情况不再了。我喜欢你提出的每个学期只参加一项活动的策略，在这个学年刚开始的时候，我们就全家一致决定采纳这个建议。幸运的是，我们家两个小一点的孩子都喜欢足球，而且他们的年龄非常接近，所以他们进了同一支球队。两个大一点的孩子在同样的三天里参加课外活动。所以现在我们每周有三个晚上可以六点回家，能一起吃一顿真正的晚餐，另外两个晚上我们都是一放学就回家，待在家里哪儿也不去。我们的生活仍然很忙碌

（比我希望的要忙），但情况已经好多了。

安吉，新墨西哥州

培养品格

几个月前，我、桑德和劳伦在规划一次家庭出游。但由于她是我们巢中最后"一只小鸟"（她的兄弟姐妹们已经独立生活了），我们告诉她，她可以邀请其他人一起去。

我对她选择的同伴感到惊讶。从个人角度讲，我并不喜欢这样的小孩，原因有很多。活动结束后，我问劳伦："你为什么邀请那个孩子？你知道我不喜欢他，你喜欢他让我很意外。"

"哦，爸爸，"她说，"我邀请他并不是因为我喜欢他。我邀请他是因为我们班里没有人喜欢他。"

9 种全家一起做慈善的好方法

简单盘点一下你家人的时间和能力。然后开展一次头脑风暴，看看你们可以如何服务他人（既是作为个人，也是作为家庭成员）。如果你是第一次组织这样的活动，以下这些做法可供参考。

（1）如果左邻右舍有孩子想学一种乐器却负担不起费用，你们可以提供免费音乐课（吉他、钢琴等）。

（2）帮助有需要的家庭。我女儿汉娜加入了科罗拉多州斯普林斯市一个名为"儿童希望箱"的组织，这是一个旨在救助孤儿的国际机构，该机构会通过帮助孤儿与美国和加拿大的基督徒建立社群关系，使他们获得改变生活的力量。

（3）主动帮一位单身妈妈照看孩子，这样她就可以每周有一个晚上属于自己。

（4）星期六早上帮老人整理庭院、付账单或者去杂货店买东西。

（5）帮助邻居为庭院除草。

（6）洗车，但不接受酬劳。

（7）当你的邻居外出度假时，帮他们照看家里的狗。

（8）冬天如果年迈的邻居不便穿越积雪的人行道时，每天帮她把邮件送到门口。

（9）放学后邀请新来的转学生到家里作客，大家一起做小点心。向他介绍所有家庭成员并表示欢迎。

如果你希望孩子不要一心只顾自己，不要只想着自己能得到什么，而是周到、体贴并为他人着想，那你就需要在自己家中树立这种富有同情心的榜样。当你看到别人有需求时，就试着让全家人一起设法满足他们。通过这样做，你就为孩子树立了为他人慷慨奉献时间、金钱和其他资源的榜样。

我们莱曼家族把自己的家当成了社区援助中心——一个任何人都可以来作客并能得到爱、关心和倾听的地方。你的家是个安全基地吗？你的孩子（以及别人的孩子）喜欢去你家里玩吗？你关心那些涌进家门的青少年吗？

很多父母对待孩子的方式就像在照顾一只被关在玻璃屋里长着橘色羽毛的小野鸡——看起来很漂亮，但实际上与外界隔绝。把你的孩子隔离在玻璃屋里是最简单的方法。但这对你和你的孩子来说都是不健康的。为什么不邀请一个家庭条件不如你家优越的家庭的孩子过来玩呢？或者邀请一个没人喜欢的孩子？我知道我的女儿比她的父亲更有同情心，多年来我们选择参与的家庭活动给她树立了慈悲慷慨的榜样，她让我自愧不如。你知道我是怎么想到通过和家人一起做家庭活动来帮助别人的吗？是我的家人教我的。他们爱我，我从不怀疑这一点，但他们也关心其他人，甚至是我们不认识的人。

与那些不讨人喜欢或不如你幸运的人交往，也许能让你和你的孩子有一些改变。你想让孩子成为奉献者还是索取者？如果你想让她成为一个索取者，那就把她养得像邻家那些孩子一样——贪婪挑剔不负责任，不但让他们的父母抓狂，也让你这个邻居抓狂。如果你想让她成为一个奉献者，一个关心他人的孩子，那就为她提供帮助他人的机会。

最近我听说一个青年团体正在帮人洗车。这种活动没什么新鲜的，但他们做这件事的方式非比寻常。他们不收钱，也不接受捐赠。他们只是微笑、洗车，并对人们说："祝你度过一个美妙的夜晚！"还有一个家庭（这个八口之家组建了自己的乐队）得到了当地一家商场每星期五晚上来这里演奏两个小时音乐的许可。购物中心的经理都快乐疯了，不仅是因为商场里涌进了大量被这家人吸引而来的人群，而且是因为有免费的音乐会可以听。所以有时他会在购物结束后请这家人吃比萨。这是这家人一周中最乐在其中的一天，商场的顾客们也因为他们而露出了笑容！

星期四要做什么

（1）决定你想往孩子的行囊里装些什么。

（2）建立合理、互相尊重的边界。

（3）树立奉献的榜样，防止自私行为的出现。

对孩子来说，这是一种很好的教育方式，这能让他们知道在人生中不是只要付出了就会得到挂在棍子那头的胡萝卜的。当你做了一些帮助别人的事情而不期望获得任何回报时，你就会感觉良好。这可以极大地提升孩子的自我价值感——让他们以一种正确的方式成为人们关注的焦点。

所以，让我来问问大家，当你的孩子准备离家独自生活时，你往他们的行囊里塞了哪些东西？是让她以为自己是宇宙中心，其他人最好对她言听计从，否则就如何如何吗？还是将她培养成不但理解家规的重要性而且能严格遵守，在做出不当选择时勇于承担责任，而且富有同情心的孩子？

家长们，这一切都要从你开始，因为当你的孩子看到你这样做时，她也会这样做。

现在你明白自己拥有多大的力量了吧？

> ### ★制胜之策★
>
> 让现实教孩子如何做人，你就不用操心了。

星期五

"咔咔咔，红利时间到"

晚上不用再频频起身照顾幼小的孩子了，也不用再对孩子的吃喝拉撒事事操心了。父母该如何利用这段自由且轻松的时光呢？

2010 年年底，通用汽车公司重组并进行了首次公开募股（首次公开发行）。他们以每股 33 美元的价格出售自家公司的股票。

也许至少在 11 年前，你做了一个重大的人生投资。你购买了你的小男孩或小女孩的原始股票，你用你的爱、接纳、指导、谦卑，甚至是你的忍耐，一次次地帮助那个男孩或女孩建立了股票期权。

这些年来，你的股价一直在上涨，而且你目睹了股价一点点上涨。目前还没有分红，也没有公共收益，但有了这样巨大的投入，再加上所花的时间，你怎么可能没有回报？

是的，你的小股票自己做了很多选择。但当他做得有点过分的时候，必须出手把他拉回正轨的那个人，是你。

多年里你看着你的股价不断上涨，青少年时期是这支股票终于可以开始分红的阶段。你为孩子打下的所有基础，你塞进她行囊里的所有东西——担当、尊重、负责等，在她成为一个"独立的人"时会由内而外地展现出来。

是的，有时你会怀疑自己是否能从孩子的青春期风暴中幸存下来，不知道你的孩子是否会像被沙尘暴侵袭的沙漠中的帐篷一样，从你的身边被吹走。但每当这种时候，不妨回头看看你已经赢得了多少大大小小的"战役"，这会让你信心倍增。不，孩子的青春期还不是你可以坐在安乐椅上跷二郎腿的时候。你随时都会面临新的挑战，所以最好让你的双脚保持轻盈的状态，这样你才可以随时"出击"。

你的孩子很快将翻开人生的新篇章。

你的孩子很快将翻开人生的新篇章，也许会快得让你猝不及防。每个青少年的下一步行动都不一样。有些孩子会参军，有些会参加工作，有些会上大学，还有一些会接受职业培训。

如果你想让孩子获得成功，充分发挥他的潜能，成为一个健康、情绪稳定、对社会有贡献的人，那么他最好的合作伙伴就是你。在孩子十几岁的时候，你希望做点什么呢？想想，你希望在剩下的短短数年内和孩子一起完成什么？当孩子飞出你的巢，独自去江湖闯荡，开始一场没有父母庇护的叫作"人生"的游戏时，你给他的最后指点会是什么？

三大要素

我们生活在一个信息可以瞬间传遍世界各地的时代。当地球的另一端发生了某个新闻事件时，我们在几分钟内就能知道。但有些说得天花乱坠的新闻不见得是事实。多年来，人们认为美国股票经纪人和投资顾问伯纳德·麦道夫（Bernie Madoff）是个天才。在世人眼中，他绝对算得上功成名就。他的公司是华尔街顶尖的做市商之一。但在 2009 年 6 月 29 日，麦道夫因诈骗数千名投资者数十亿美元被判处 150 年（这是最高限度了）监禁。他甚至曾经坦率地对儿子们说，他的生意是"一个天大的谎言"。

世上多的是这种做事见不得光的人，麦道夫绝非特例。就连大型教堂的牧师，都曾在电视节目中痛哭流涕地道过歉，请求人们宽恕他们的所作所为。

经验之谈

我向来讨厌我的孩子看（美国电视台播放的）新闻，因为里面全是些负面的消息。但最近当我听你谈到与孩子们讨论现实新闻有多重要时，我改变了看法。当新闻报道说一名市议员嫖娼被捕时，我和我的两个儿子讨论了一下这件事，他们中的一个 16 岁，另一个 18 岁。

"天哪，那家伙真笨，"我的一个儿子说。

"是啊，"我的另一个儿子说，"他的妻子似乎是个很好的女人。他为什么要把这一切都抛到脑后，就为了和一个妓女共度一夜呢？"

我的儿子们深有所悟。不仅如此，他们牢牢记住了重点。几个月后，我那个 18 岁的男孩开始约会，他的女朋友由于想发生性关系开始向他施压。我儿子说他已经把那个市议员的事告诉她了，并且声明他不会为了她放弃自己的贞操。

后来，他的女朋友和他分手了，我暗自庆幸。不过我儿子的反应更让我感到骄傲。"妈妈，她和我分手时告诉我，我对她来说并没那么重要。我很高兴没有太晚知道真相，"他看着我咧嘴一笑，"看来那个议员还是教会了我一些东西。"

那是我作为母亲最骄傲的时刻之一。

詹尼，得克萨斯州

> 在你的孩子飞出你的巢独闯世界时，比以往任何时候都更需要带着我所说的"三大要素"。

在当今世界，在你的孩子飞出你的巢独闯世界时，比以往任何时候都更需要带着我所说的"三大要素"——智慧、判断力和洞察力。如果他们没有牢牢把握住这三大要素，就会有很多陷阱等着他们。很多骗子正等着将他们吃得连骨头都不剩呢。我认识一位善良的女性，她向一名所谓的"警官"寄了 6 000 美元。那个骗子说她的孙子在监狱里，需要保释金。有各种各样的人会对弱者巧取豪夺。伯纳德·麦道夫在被抓之前骗了很多人的钱，包括他自己家人的钱。就连聪明的成年人都看不透这个骗局！感谢他的孩子们向当局告发了他。

你的孩子应该知道，如果某件事好得不像真的，那它很可能就是假的。在继续做出下一步行动之前，一定要先调查清楚。

怎样才能培养孩子的生存智慧呢？你看到与伯纳德·麦道夫这样的人相关的文章后，可以在车里或餐桌上提起他们作为谈资。你可以说："嘿，你们听说了吗？"然后把这个消息告诉你的家人。讨论现实生活中的案例会让你的孩子意识到，世界上有骗子，也有受骗者，而他不想成为其中任何一个。鼓励你的孩子谈论他们在网上发现或听到的新闻。它能让你们一家人在晚餐时谈笑风生，还能培养孩子们的处世智慧，这样他们就不太可能落入那些竭力想把他们引入歧途的人设下的圈套里。

不要让你的孩子上当受骗。

青少年可能以为自己既世故又精明，但他们中的大多数人其实相当天真（他们肯定不愿意向同龄人承认这一点）。这就是为什么很多人容易成为骗子的目标。在青少年的世界里，他们被从众压力推动着，身不由己地去做和别人一样的事情，如果一个人摔倒了，就可能会导致一群人摔倒。

不要让你的孩子上当受骗。多和他们谈谈现实生活。在日常生活中培养青少年的智慧、判断力和洞察力，经常和他们就现实中发生的状况展开讨论，这样他们就可以培养出自己的"三大要素"。

未雨绸缪

在当今复杂的经济发展趋势下，你可以给孩子们准备一份厚礼：明智的理财方法和对未来的投资。为什么不鼓励你十几岁的孩子把钱存入储蓄账户，开始他的理财之路呢？你甚至可以告诉他，如果你的经济条件允许，每次他往银行存多少，你就会给他相应比例的一笔钱。这样可以让他目睹自己的钱是如何变多的，而他只需要动动手指而已。

为什么不给孩子们一个机会，让他们投资股票或债券，了解一下股票市场是如何运作的呢？你可以在孩子生日的时候送她一份股权证明，从此开启她的理财之旅。但不要止步于此。你需要和孩子一起，时不时查看一下股票是升值了还是贬值了，把这份礼物变成一堂讲解股市涨跌规律的实战课程。

如果你 12 岁的孩子常常花很多时间玩电脑游戏或上网冲浪，那她就是深入研究股票市场的最佳人选，因为她对互联网很熟悉。她甚至有可能对向她出售电子游戏的那家公司产生兴趣，并且想做点投资。

以下是有关培养孩子的投资天赋的一些建议。

- 购买一些股票或债券，指导孩子如何分散投资。
- 以孩子的名义开设一个托管投资账户，最低只需 100 美元。
- 如果青少年在这一年赚到了应税收入，可以开一个"罗斯个人退休金账户"，将他们的部分或全部资金存入其中。
- 启动"大学储蓄计划"。鼓励那些不知道该送什么礼物祝贺孩子考上大学的亲戚和朋友给这个账户汇款。

你可以利用这些小点子，也可以采纳你认识的其他理财师的建议，它们可以帮助你教会孩子如何明智地消费、储蓄和投资。

学业与工作

到了这个年龄，你的孩子很有可能要开始思考这个令人头疼的问题了："高中毕业后我要做什么？"

如果你孩子的成绩在班上排名前十，已经被多所大学提前录取，而且还拿到了奖学金，那你已经隐约听到了"咔咔"声，那是你作为父母辛苦多年的回报。

就我个人而言，这个问题直到高中毕业才出现，然后我才后知后觉地震惊了，我对自己说："天哪，接下来我该干什么？我认识的人都去上大学了！"

是的，我的学习成绩很差。你的孩子可能会和我一样（希望不是）。很长一段时间以后，我母亲才听到她辛苦多年后她应得的回报的"咔咔"声。

当你的孩子即将翻开人生新篇章时，你的生存智慧比以往任何时候都应该发挥更大作用。如果你有一个"聪明的孩子"，这是否意味着她应该去许多人推崇的一流大学，每年花费近 5 万美元？如果你女儿的人生最大理想就是和小孩子一起工作，那让她先去社区大学读几年（而且住在家里能省不少钱），然后再转学到当地的州立大学是否更好？

作为一个曾在亚利桑那大学担任教务主任的人，我想对大家说说我的看法。当时我负责管理所有宿舍和 6 000 多名住宿生。如果你让新生告诉你他们的专业，就难免会一遍又一遍地听到"医学预科"和"法律预科"，就像卡住的唱片不断重复一样。然而，如果你看看这些孩子们的高中学习成绩，就会对他们做出的职业选择有点费解。

一生的礼物

下面我将分享我的一些"难忘时刻"，让大家看看我父母当年是怎么过来的。这样做是为了提醒大家，对于生活中的很多事情，最重要的是你选择怎么去看。

- 我用霰弹枪将从挪威进口的装饰品（我祖母的传家宝）从圣诞树上打了下来……然后让猫来背黑锅。
- 我把高尔夫球打向了纽约州高速公路。
- 高中毕业时，我的成绩是班里最后一名。
- 参加童子军的时候，我被开除了。上大学的时候，又被大学开除了。

- 我和狗抢狗粮吃。

- 我被学校的少年篮球队开除了。

- 我站在高桥架上，朝正行驶在高速公路上的汽车后面扔南瓜。

但我亲爱的母亲相信我。她总是说："你是个好孩子。"后来，当我提醒她我小时候做过的那些事时，她说："哦，对呀，我记得那个时候。但你是个好孩子。"

你对孩子的信任就是他们一生的礼物。我母亲就是这样做的。虽然花了很多年的时间，但她积极的期望改变了这个老男孩。它也可以改变你的孩子。

> 对父母来说，"希望永恒"这样的说辞有时是可笑的。

对父母来说，"希望永恒"这样的说辞有时是可笑的。只要满怀希望，父母就可以把一个成绩糟糕的高中生培养成一流大学的医学院学生。但这真的有可能发生吗？

家长们，当你和孩子一起规划他们的未来时，一定要考虑他的个性、才能、个人动机水平和人生目标，这是现实且明智的做法。除非你的孩子是个责任心强、目标清晰、成绩优异、充满助人热情，而且理科成绩突出的孩子，否则你为什么要花钱送他上四年大学，然后再花两年去接受医护培训？如果你的孩子希望和小孩子一起工作，并且喜欢其放学后去打工的日托所，那你肯定不愿意每年为他花几万美元，还要背负 10 多万美元的贷款，就为了获得一个小学教育学士学位。

如果你的孩子的大多数成绩都是 B，那么社区大学可能比不得不承受高强度学习压力的大学更适合她。如果你的孩子的成绩全是 A，并且孩子想成为一名药剂师，而且有足够的动力和聪明的头脑去从事这一行，那你肯定不会希望他在当地的沃尔玛超市工作。你应该帮助你的孩子实现上一流大学的梦想。

你应该送你的孩子去上私立学校吗？如果你每年有 5 万美元让孩子去名牌学校接受文科教育，而且你也不介意花这笔钱，那也未尝不可。但如果你像我们大多数人一样，每一分钱都来之不易，那么这一举动就没有多大意义了。你要谨慎地思考什么选择对孩子最好，对你的家庭最好。你比任何人都更了解你的孩子。

有些孩子最好待在家里，在一所当地的大学走读，这样你就只需要为他支付书本费和课时费而免去了住宿费。美国有大量小型学院和综合性大学，非常适合那些成绩中等或中等以上的孩子就读，也适合那些想在小环境中认识很多人的学生就读。有些孩子需要大型的学校环境，有大型的足球比赛和各种各样的课外活动，这样他们才能全方位成长。而有些孩子在这样的地方会感到无所适从。有些孩子可以一边做兼职工作一边在社区大学上课，并在这样的生活中如鱼得水。

有些学生还没有做好上大学的准备，但他们可能在某项技能上颇有造诣，非常适合接受技术培训。还有些学生则需要时间来让自己变得成熟，培养出责任感，并弄清楚他们的人生目标是什么。这样的青少年不应该被推到大学环境中去"寻找自我"。花数年时间尝试从事不同的工作可能会帮助他们最终进入自己喜欢的领域。

例如，亚当在高中时成绩不好。他对学习确实没有兴趣。他的父亲想让他去上自己曾经就读的那所大学，但那是一所高端大学，而亚当的成绩不足以让他进入那所大学，就算他侥幸被录取估计也无法毕业。当他们向我咨询时，我告诉他们最好还是让亚当去探索一下有哪些工作可以选择。于是亚当开始做暑期工，在当地一家工厂当清洁工。在那里工作的时候，他对机器的工作原理产生了兴趣。于是他询问了相关负责人他是否可以在午餐时间留在那里，以便观摩一下它们是如何被组装的。由于亚当提出了一些颇有见地的问题，工头给了他一次下班后留下的机会，并让他帮忙安装一台刚从其他国家运来的新机器。亚当对机器的兴趣越来越浓厚。很快，工头就把他从清洁工的行列中拉出来，让他去安装其他机器。一年后，亚当开始了全职工作。现在，10 年过去了，他成了那家工厂的主管！

鼓励每个孩子走属于自己的路。

这当然不是亚当富有的父母一开始会为他选择的职业道路。但他们为他感到骄傲。亚当现在以他的洞察力、正直和创造力闻名于业界。他精湛的技术使他的小公司成为该行业的先驱之一。

亚当的姐姐受训于一所专研马术的小学院，现在负责教导那些接受骑马训练而且有特殊需求的孩子们，这是他们需要接受的物理治疗的一部分。他的弟弟从事广告业，现在正在上大学的商科课程。这表明，如果你家里有三个孩子，一个会向右转，一个会径直朝中间走，而另一个会向左拐。所以你需要鼓励每一个孩子用务实且明智的方式走属于自己的路。

在孩子高中毕业后，你必须与孩子一同谨慎地规划孩子的未来，因为这将影响你的儿子或女儿的一生。所以，你可以开着车或乘飞机带着孩子去参观一下那些孩子有意向的学校。

就在我写本章内容的时候，我和我的妻子桑德正带着还在上高中的劳伦四处旅行，我们想去看看加利福尼亚州立大学洛杉矶分校和奥蒂斯艺术与设计学院，这两所学校都在洛杉矶地区。劳伦喜欢绘画和写作，所以我们想把重点放在那些在这两个方面都有很好课程的学校。但只有通过实地参观这些学校，劳伦才能亲自想明白哪所学校最适合她。

是的，你的孩子必须为他的未来做出最终的选择，但你可以鼓励他明智地看待这些选择，帮助他收集相关信息，和他讨论哪些是现实的期望。一个连完成家庭作业都有困难的孩子可能不适合攻读文学学士、硕士或博士学位。当然，也有例外，比如我自己。但在取得这些成就之前，我必须付出长达数年的努力，而且首先要端正态度，认真对待学业。

我想告诉大家的基本原则是，在你决定让自己或你的孩子长期负债之前，一定要确保你的投资物有所值。

不管你的邻居、同事或朋友是怎么想的，都不重要。重要的是什么对你的孩子是最好的，对他的未来是最好的，同时要考虑到你的经济状况。没人想在大学毕业的时候背负一身债务，但这确实是个笼罩着美国成千上万年轻人的阴影。除非绝对必要，否则不要让你的孩子有这样的经历。帮助他做出明智的选择，然后尽你所能帮助他无债一身轻地走上人生之路。

经验之谈

我是一个很女性化的人，所以和3个儿子的相处对我来说一直都是个难题。他们都是相隔一年出生的。现在他们都是青少年了。最近，当你在女性静修会上谈论母亲和儿子的关系时，我被狠狠触动了，我突然意识到自己一直以来的所作所为都是想让儿子们更像我一点。换句话说，我一直在努力消除他们的男子气概。那天我意识到了自己并没有公平地对待他们。

现在，当他们做出一些"有男子气概"的事情时，我会特意鼓励他们，比如帮我拿东西，为我开门等等。谢谢你点醒了我，应该让我的儿子们成为女性的保护者，即像我丈夫那样的男人，而不是我以前努力想培养的"敏感男孩"。

南希，印第安纳州

给男孩妈妈的特别提示

在一所重点大学的比赛开始前约 4 个小时，球员们要做礼拜。我曾有幸在许多这样的场合发言，但最近我旁听了安迪·洛佩兹（Andy Lopez）的演讲。他是亚利桑那大学的棒球队总教练，并曾在佩珀代因大学获得 NCAA（美国大学生体育学会）棒球冠军。他谈到了足球是一项暴力运动的事实，并且他认为足球运动员尤其是甲级联赛的运动员都是身材高大、行动敏捷的人。

安迪是一个了不起的人，他在一个环境恶劣的社区长大，靠着自己的努力活出了精彩的人生。他后来成了一名基督徒，这是他人生的转折点。

卢安·布里曾丹（Louann Brizendine）博士创建了世界上第一个专门研究大脑、行为和激素水平在不同个体之间差异的诊所，他最近出版了一本介绍男性大脑的书。他在书中提到了一项有趣的研究，这项研究追踪调查了男性从婴儿到成年的每一人生阶段的大脑。以下是布里曾丹博士的 3 个重大发现。

- 男性的大脑是一台高效、简洁、善于解决问题的机器。在面对个人问题时，男人会用他善于分析的大脑来寻找解决办法。
- 男性大脑是在竞争中不断发展和变得强大的，他们会出于本能地表现得粗暴，并痴迷于追求地位和等级。
- 男性大脑中用于性追求的区域的大小是女性大脑相关区域的 2.5 倍，这使他们沉迷于对女性身体部位的性幻想。

妈妈们，我知道你爱自己的宝贝儿子。但你能否认你的男孩需要长大后变得坚强，成为一台"高效、简洁的问题解决机器"，学会有效地处理他对地位和性的自然欲望吗？是的，当你的儿子在青春期变得越来越古怪时，你仍然想要让他保有一颗温柔的心。但总有一天你的儿子会成为父亲和丈夫。你想让他变成什么样子？

大家不妨认真想一想。如果你已婚，那么你的丈夫吸引你的地方是什么？首先，他对你是温柔的。但吸引你的难道不是还有他的男子气概，以及能为你争取利益的竞争精神吗？大多数女性想要另一半身上兼具强悍和温柔的特质。如果你能做一些事情，在你的儿子处于青春期时鼓励这种奇妙的结合出现在他身上，将不仅有益于你、你的儿子和你的家庭，也将有益于他将来的小家庭。

在育儿问题上肩并肩

在大约一个月前，我接到两位家长打来的电话，他们正在"讨论"一个家庭问题（这是一种委婉的说法，其实他们因为这个问题几乎打了起来，最后不得不请莱曼博士作为第三方介入）。他们19岁的儿子已经撞坏了两辆车（都是款式比较新的二手车）。当然，和以往任何时候一样，这孩子不认为是自己的错，一次是因为他在开车时发信息，另一次是因为他一边开车一边和坐在副驾的朋友掰手腕，他认为只不过是自己没有看到另一辆车开过来罢了。更糟糕的是，那两辆车是他的家长——更确切地说，是他的母亲——给他买的。父亲从一开始就反对这件事，因为他认为儿子应该自己想办法买车。

第二次车祸发生后，母亲坚持要给孩子再买一辆车。

"你到底是怎么想的？"父亲问。

母亲为自己辩护道："可是，如果他没有车，他怎么去上班呢？"

这孩子有一份工资勉强高于最低标准的工作。很明显，他没有钱支付保险，甚至连油钱都付不了。然而，尽管儿子表现得毫无责任感，但妈妈还是想给他提供第三辆车。在这一点上我也想问和这位父亲同样的问题："你到底是怎么想的？"

显然这个家是母亲在主事，这对孩子非常不利。他的日子过得太惬意了，他心里肯定是这么想的："如果我把车弄坏了，妈妈会给我买辆更好的。所以有什么大不了的？"此外，这位母亲显然也中了"我必须成为儿子的朋友"这个魔咒。

更糟糕的是，当我和这位母亲谈话时，我发现她对丈夫满肚子怨言。她抱怨道："他不干这个，他不干那个……"

但我知道这位父亲的为人。他很负责、很努力、很受同龄人的欢迎，而且很正直。但他是那种认为你应该在生活中严于律己，自己挣钱自己花的人。

而这位母亲正好相反，她是一个灰心丧气、失败的完美主义者的典型例子。在和她进一步交谈之后，我发现她是在一位挑剔的父亲的陪伴下长大的。无论她做什么，都不能使他高兴。在步入婚姻的时候，她认为丈夫也是一个自己永远无法取悦的人。所以，在连她自己都没有意识到的情况下，她决定对丈夫只需采取操纵摆布的手段来得到她想要的就行了。事实上，她变得非常像她的父亲。

那她的儿子是什么情况呢？这位母亲从来没有兄弟姐妹，所以她想要一个"兄弟"。如果儿子很快乐，她的世界就是圆满的。难怪她的儿子变成了一个十足的懒虫，在家里什么都不做，只考虑自己，距车祸过了短短一年时间就要求得到第三辆车。

而最糟糕的是，猜猜谁目睹了这个失败的例子？是这个儿子的弟弟和妹妹。相信我，他们一直在学习家庭中的关系模式，当这两个孩子成为青少年时，这对父母将不得不应对他们的"有样学样"。

母亲渴望被爱和被赏识，这阻碍了她的儿子学习如何承担责任。车是我最不愿意给那孩子的东西。有很多没有车的人照样能去上班。事实上，这世上还有能坐 50 多人的大汽车。你知道它们什么时候会到达，它们甚至还会准时来接你，带你去想去的地方。它们叫作"公交车"。是不是可以从他的零用钱里拿出一部分来买辆二手自行车呢？这样不就对了吗！

那个儿子的公司距离他家仅需骑行 15 分钟。但是，当然，确实需要费点劲儿才能骑到那里。就因为那位母亲，孩子想要车的愿望才能够实现。他是在利用父母之间的控制权之争。而在这场战争中，家里的每个人都是输家。

经验之谈

上周末，我妻子去参加了一个静修会，在那里你谈到了父母在孩子面前团结一致是多么重要的话题。以往我们任由自己被孩子怂恿着互相对抗的时候太多了，这导致婚姻中出现了很多问题。那天我们做了一个决定，无论发生什么，作为父母的两个人都要站在一起。

但是这个决心在不到一个小时的时间内就受到了考验。我女儿先是来找我，然后又去找我妻子。当我们一致决定坚持站在同一立场时，我女儿再次试图动摇我们中的一个。在尝试未果后，她极度不开心地大声说："你们两个这是怎么啦？"

我们相视一笑。"没什么，"我说，"事实上，一切都很好。"

雷，亚利桑那州

家长们，你们是选择团结一致，还是选择任由你家那个小不点儿破坏你的家庭秩序？你的选择对你能否成为成功的父母至关重要。这就是为什么我要再举一个例子，告诉大家为什么肩并肩站在一起是你们成为成功父母的关键，也是让你的孩子在人生中取得成功的关键。

上周，我接到了一位深受困扰的父亲的电话。他说：

莱曼博士，你得帮帮我。我发现自己正被夹在中间动弹不得，一边是无尽的麻烦，一边是险恶的深渊。我的妻子和女儿总是互相指责。这是一件每天都在持续发生的事情。我实在是烦透了，但又不知道该怎么办。

我的妻子诺玛是在一个没有人值得信任的家庭中长大的，她的家人在她十几岁时做了很多不该做的事。所以她也不信任我们的女儿朱莉。昨天我们不得不出门去买一台新冰箱，所以我让朱莉帮着照看两个年幼的孩子几个小时。她同意了，也没有意见。

但诺玛发现了，大发雷霆。她怒斥道："我们不能丢下3个孩子，否则家里肯定会乱成一团！"

朱莉告诉她："妈妈，我可以照顾小孩子。一切都会好好的。"

"不，"我妻子坚持说，"这样不行。"

于是他们又大吵了一架，朱莉说她妈妈不信任她（好吧，她说得对，诺玛不信任她，她不相信任何人）。诺玛大喊："看，这就是我不信任你的原因。你的态度太恶劣了！"

吵完后，朱莉回到自己的房间，"砰"地一声关上了房门，诺玛也"砰"地一声关上了我们卧室的门。我去找诺玛，我说我认为她对朱莉太苛刻了。我试图向她证明其实朱莉一直都是个负责任的孩子。但诺玛勃然大怒道："你胆敢告诉她她做得对试试！"然后她气呼呼地瞪着我。我知道这事没什么好说的了。

于是，我把那两个"疯女人"留在了家里，带着两个小儿子出去吃冰激凌，好让他们别再吵了。博士，不是我想贬低自己的妻子，但我真的不想再这样生活了。

我是这样告诉他的：

听起来你是个聪明人，所以我接下来要告诉你的其实你早就知道了。我和你打赌，你的妻子和女儿都是家中长女。再加上她们都是女性，所以她们总是会发生碰撞。两者都希望自己是对的，她们显然是在相互竞争。你女儿想说的是"嘿，妈妈，我会在背后支持你"。但你妻子不愿意接受。很明显你妻子的过去有很深的问题，这意味着她不信任任何人。在她毁掉你的家庭生活之前，她需要接受一些心理辅导。

你们家庭的问题不在于孩子，有问题的是你的老婆。她必须放松下来，并明白她必须停止和女儿竞争，否则你们将在未来几年为此付出代价。

在你看来，一个17岁的女孩会怎样报复这样一位控制欲极强的母亲呢？

对女儿的日子该怎样过，该穿什么毛衣，可以去哪不可以去哪，事无巨细母亲都了如指掌。朱莉根本没有足够的空间成长为一个独立的人。诺玛就像现代版的堂吉诃德，每一步都在向风车发起冲锋。

幸运的是，这位父亲和他女儿的关系很好。因为这是一种跨性别的关系，而且父亲有一种中产阶级特有的讨好型人格，所以更容易与女儿相处且不会互相竞争。但我也鼓励这位在生活中只想息事宁人的父亲采取下一步行动。于是这位丈夫等他的妻子平静下来后，关上门，然后对她说："亲爱的，你需要想办法放松一下。"他诚实地告诉妻子，她不信任女儿或者家里的任何人，这对他们所有人都造成了严重的影响。在保持沉默了几天之后，诺玛终于承认他是对的，并同意去看心理咨询师。

我很高兴听到这个消息，因为这种情况完全是"家庭灾难"。有意思的是，家人之间很了解彼此的软肋，一旦开战，他们就很擅长稳准狠地打击对方。他们也知道该按哪个按钮来让战斗升级。

在青春期的这些年，就算你们没有让孩子像乒乓球一样在父母之间周旋，他们也已经够混乱的了。

如果你想给孩子一个没有互相猜忌的世界，那就必须和你的配偶肩并肩站在一起，也就是说你们之间不应该有隔阂。在孩子们面前，你们必须团结一致。这样做的结果会给你带来一个大大的惊喜。你可以如愿以偿地看到孩子身上发生了你想看到的改变，从而在星期五就能拥有一个焕然一新的青少年。事实上，你可能甚至不需要等到星期五。

你可能有两个非常"好养"的孩子，因此你不需要对他们的生活或态度进行太多的干涉。但你的第三个孩子呢？他可能与其他两个孩子完全不一样。现在不是退缩的时候，你得承担起为人父母的责任。如果你们中的一个人退缩了，那就永远别想实现在星期五之前打造出一个焕然一新的青少年的目标了。

在青春期的这些年，就算你们没有让孩子像乒乓球一样在父母之间周旋，他们也已经够混乱的了。所以说，"去问你爸爸"或"去问你妈妈"是一种不负责任的逃避行为。

当孩子们看到父母意见一致，知道这个家有家庭准则、安全的环境，父母对自己有积极的期望时，他们就会茁壮成长。但如果你和你的配偶各执己见，那你们所做的一切只会让孩子感到困惑。

如果你真的想在星期五前让孩子焕然一新，那夫妻二人就得齐心协力，肯定彼此的决定。你要用言语和行动来告诉配偶："亲爱的，我支持你。"当你们两个人立场一致的时候，你的孩子就不会动这样的脑筋："嗯，我不知道规则会不会改变。也许我可以在爸爸不在的时候问问妈妈……"

作为父母，别让隔阂存在于你们之间。你们是一个团队，而且你们要让孩子知道这一点。

做孩子的啦啦队队长

> 每个人在生活中都需要一个啦啦队队长—— 一个相信他的人。

每个人在生活中都需要一个啦啦队队长—— 一个相信他的人。当你的孩子做得好的时候，庆祝一下。做他的啦啦队队长。相信我，在孩子的人生中，因为他做了什么或没做什么而横加指责的人已经太多了，所以你需要在很长的时间里给他一些实实在在的鼓励。要让他知道，你是因为他这个人而感到骄傲，而并不仅仅是因为他做的事情。

比如说这样的话，"马特，我们简直迫不及待地想看看你的人生会有多精彩。哇，我真是太为你骄傲了。看看，你才15岁，人生刚开始，就取得了这么多成就。但对我和你爸爸来说，最了不起的是你这个人。我们相信你一定会大有作为的。"这句话对所有青少年来说都是金玉良言。把这些话告诉你的孩子，他就很可能会活成你希望看到的样子。

你对孩子的看法，对她说的话，和她交谈的内容，与她沟通的方式，所有这些将帮助你们建立起一种能维系终生的良性关系。你塞进她行囊的东西会帮助她为应对未来做好准备。

但在这个过程中，别忘了找一些乐趣，和你的孩子一起享受生活，例如给你的女儿买一件小码文胸，不管她需不需要。对女孩子来说这可是一个堪称"里程碑"式的事件，你们可以在附近游玩一整天，包括去餐厅吃午饭、享受冰激凌，还可以好好地聊聊天，一起开怀大笑；你也可以做一些疯狂的事情来庆祝15岁儿子的第一堂吉他课，比如去公园里荡秋千。在你的女儿科学成绩得了B的时候，你们可以去热闹的快餐店，就像你以前和自己的父亲所做的那样。

你还可以安排和家人一起去背包旅行和露营。还记得你的帐篷差点被一场突如其来的暴雨卷走的那个晚上吗？还记得你那两个十几岁的儿子想生火烤只鸡，把鸡扔到湖里淹死然后捡回来继续烤的情景吗？当这两个孩子将来成为人父，你们聚在一起时，这样的经历将会成为引起阵阵欢笑的话题。这些是你的儿子们将来一定会想起并终生视为美好记忆的时刻。这些时刻将被记入他的"心理剪贴簿"——不管你们是否拍了照片。

让星期日下午成为你们的桌游时间。利用这段时间来享受彼此的陪伴，谈论生活中一些真正要紧的事情，甚至可以和孩子谈谈以往那些让你觉得遗憾和悔不当初的事情。你们还可以为了一次特别的旅行一起攒钱，不管发生什么，都不要轻易取消这个旅行计划。没有什么比一起长途自驾游更能让你们享受自在流畅的谈话了。

所以我建议你们一起去某个地方，任何地方都行。你们一定会在这个过程中获得很多乐趣！

就在我的第四个孩子汉娜结婚之前的父亲节那天，她给了我一份值得毕生珍藏的礼物——一封女儿写给父亲的信，信中谈到了我是如何改变她的人生的。我并不羞于承认我哭了。直到今天，那封信仍然是我最珍贵的财产之一。

这是一封任何家长都会很高兴收到的信。当然，作为一位父亲，这是对我的认可。但这并不是让我泪眼朦胧的原因。那封信告诉我，我的女儿汉娜，现在已经从我的巢里飞了出去，而且会展翅高飞，因为她已经为生活做好了充分的准备。

爸爸：

祝您父亲节快乐！

这是最难写的一张卡片，因为我无法用语言表达您对我来说意味着什么。真不敢相信再过几天您就要陪我走红毯了。很高兴在我生命中最重要的这个日子里，您就在我身边。我要感谢您，从我还是个小女孩的时候起，您就让我为这一刻做好了准备。您教会了我如何去爱，用您的行动告诉我有爱的婚姻是什么样子的。我从来没想过要辜负爸爸对我的期望，也不想做任何让您失望的事。您说的每一句忠告我都坚信不疑，因为我知道我的父亲是值得信赖的。让我感到庆幸的是，正是因为您的忠告，我为丈夫完完整整地保留了自己，他也为我保留了他自己。我知道我能做出这样的决定是因为我有幸是您的女儿。这是我的福气，我深深感恩。谢谢您支持我和乔什在一起。我知道他会像您一样爱我，照顾我一辈子。我爱您，我永远都是您的小花生米。

爱您的汉娜

看着自己的 4 个（马上就要变成 5 个）孩子一个接一个地展翅飞离我的巢，在这个过程中我越来越确定，青春期的这几年真的是你和孩子们一起度过的最美好的时光。

星期五要做什么

（1）有效地运用智慧、良好的判断力和洞察力。

（2）和你的孩子一起开储蓄账户或投资。

（3）享受这段青春之旅吧！

用爱说真话，然后直接告诉你的孩子。相信你的孩子，但也要对他们负责。借口只会让弱者更软弱。不要替他们清除人生路上的积雪。少说教，让现实教孩子如何做人。多夸夸孩子，当那些值得骄傲的时刻到来时，好好享受每一分钟！

在未来的岁月里，你们会时不时地谈论起这些日子并忍不住会心地微笑。

我保证。

★制胜之策★

时光流逝不舍昼夜，不要浪费一点一滴。

莱曼博士答疑集锦

困惑所有家长的 72 个热门话题

下面我们收集了在全国各地的研讨会上家长们向莱曼博士询问得最多的 72 个热门话题，莱曼博士的回答是真正管用并经得起时间检验的。此外我们还向读者提供了更多"经验之谈"，文中的父母们都将莱曼博士的建议付诸实践，现在他们都露出了舒心的笑容。

嘘！这是个秘密！

想拥有一个出色的青春期孩子吗？

想成为一名优秀的家长吗？

告诉大家一个不掺丝毫水分的办法：

来这里为你的问题查找答案吧，

不过千万别告诉你的孩子你在查什么……

如果我们能单独在一起 10 分钟，在没有其他人偷听的情况下，谈谈如何养育青春期孩子的问题，你最想知道的一件事是什么？

近 40 年来，我帮助无数家庭取得了成功，并一直对此深感荣幸。我也希望看到你拥有一个成功的家庭。所以在本书的这一部分，请允许我暂且充当你们的私人心理顾问。你可以在这一部分查找目前正困扰着你的问题，及时找到一些经得起时间考验的建议，这让我感觉就像自己正坐在你的椅子扶手上为你答疑解惑一样。

思考一下你此时面临的具体问题，问问自己：

（1）孩子做出这种行为的目的是什么？

（2）作为家长，我在这种情况下有何感想？

（3）这是像山那么大的问题还是如同鼹鼠丘一般的小问题？

这些问题的答案将帮助你为自己的家庭制订一个适当的行动计划。如果只是个鼹鼠丘，一罐雷达杀虫剂也许就能解决问题。如果是一座山，那就比较费力了。你必须正确处理这个问题，因为它将影响到你的家庭动力，剥夺你和孩子的幸福。

所以，选择一个最符合你家实际情况的话题。如果你想上一个育儿速成班，直接阅读这部分即可。我列出了青少年父母向我询问得最频繁的 72 个话题。

最重要的是，别忘了保密，不要让你的孩子知道你在做什么。你必须对自己要做的事保密。你要知道如果在行动计划开始之后你选择退缩，只会把你"打回原形"。

你可以成为一位伟大的家长。你会有一个了不起的孩子。

所以，勇往直前吧，胜利在等着你！

青春痘

刚听到这个话题的时候，大多数父母可能会不以为意，他们往往会认为长青春痘才多大点事儿啊。但对很多青少年来说，长痘是天大的事。在这短短的几年中，他们身体发生的变化已经够奇怪的了——声音变了，身体变得又细又长，激素分泌旺盛让他们感觉像在坐过山车。但有了这些压力还不够，更恐怖的是他们的脸上长满了青春痘！学校里那些"乐于助人"的孩子们会好心地赠送你一个绰号，他们一致认为"比萨脸"最适合你。

特别是那些在成长岁月中青春痘冒得特别严重的孩子，他们精神上受到的创伤要比青春痘留下的身体创伤更深。所以，对于青春痘的问题，父母绝不可以掉以轻心。

假设你 12 岁的女儿已经在镜子前待了好几个小时，不停抱怨自己长了青春痘。这时如果你告诉她，"每个青少年都有青春痘，所以不要担心。我十几岁的时候也长过，现在不是什么事都没有了吗"，这是完全没有帮助的。青少年活在当下那一刻，那一刻的事情对她和她的心理健康来说就是最重要的。

家长们，如果你的孩子因为下巴上有个大大的青春痘不想去上学，那么在每个人都看到它之前，你就要站出来解决问题。

不错，青春痘的问题会一直对青少年的世界造成困扰。但好消息是，皮肤科学领域已经取得了各种各样的巨大进步，包括开发了各种具体的药物，还有各种局部洗剂、收敛剂等。所以不妨对你的孩子说："我知道你很担心脸上的青春痘。我们可以尽可能地想想办法来解决这个问题。走吧，我们去趟皮肤科医院。我相信那里的皮肤顾问能帮助我们。"

我可以告诉大家，12 岁的孩子连皮肤顾问是做什么的都不知道，但这听起来确实是件大事，不是吗？你还可以接着说："我敢肯定，皮肤顾问一定知道一些今晚就能帮你改善痘痘的方法。"孩子的注意力持续时间很短，所以你要懂得利用这一点。

然后你们就出发吧。找到皮肤顾问或药剂师，让她指导你的孩子如何洗脸（比如用某种布轻柔地洗脸），如何使用收敛剂，等等。让孩子自己决定带哪几样东西回家并进行尝试。

如果这些方法都不管用，那就带她去看皮肤科医生。在这个年龄段的孩子眼中，一个青春痘的存在堪比维苏威火山一样触目惊心。所以，在面对青春痘时，青少年在精神层面要处理的东西很多，尤其是在他们的身体和生活都发生了那么多变化的情况下。

对于渴望和孩子成为朋友，为自己加分的家长来说，这是一个可以让你们如愿以偿的实用方法。你的行为会被孩子解读为，"嘿，我妈知道我正在面对什么"。会这样想的孩子不会把想要帮助自己的人推开。他不会在放学后径直回到自己的房间，"砰"地一声关上门，把家长拒之门外。

大多数父母对进入青春期的孩子的为人处事和生活状态只有模糊的了解。那些让孩子觉得很重要的父母通常都善于共情并帮助孩子解决问题，他们更有可能在这段关键的岁月里与孩子保持顺畅的沟通。

所以，花一点时间帮助孩子处理青春痘的问题吧。将来你会很庆幸自己这么做了。

应对之策

共同面对。

愤怒

最近我收到了一位父亲的来信，对方显然已经一筹莫展甚至走投无路了，他在信中说：

我儿子迈克尔一直爱发脾气，但最近越发严重了。他今年 15 岁，上周因为我不让他和朋友出去，他把我们厨房的墙砸了个洞。每次迈克尔生气的时候，我妻子就会哭着让步。而我会立刻把他痛骂一顿。迈克尔的行为正在撕裂我们的家庭。我们需要一些建议，而且要快。

杰森，新泽西州

杰森的情况并非特例。当我与全国各地的父母面对面交谈时，"愤怒"作为青少年父母关心的话题几乎每次都会出现。愤怒是一种非常自然的情绪，我们所有人都深有体会。有时候表达愤怒是件好事，尤其是当你受到不公平对待的时候。

但是，愤怒也可以被青少年当作一种专门操纵父母的强大工具，因为他们在成长的早期已经知道，愤怒会为他们带来想要的结果——得到希望从成年人那里得到的东西。对想要新手机的孩子来说，也许只需要大喊大叫，抱怨为什么他的小弟弟能得到所有想要的东西，然后气呼呼地踩着脚回到他的房间。如果让妈妈产生的内疚感够强，她可能当天晚上就会在网上给孩子订购一部新手机。

你的孩子会这样想："既然发脾气会让我得到想要的结果，那为什么不大发雷霆，以更快的速度获得更大更好的结果呢？"

这又回到了我们之前在书中谈到的"目的性行为"。你的孩子认为："既然发脾气会让我得到想要的结果，那为什么不大发雷霆，以更快的速度获得更大更好的结果呢？"家庭中乱发脾气的行为就是这样逐渐升级的。

但有一点要记住：愤怒是由愤怒的人产生、操纵和传递的。经常听到有人说："我的天，他真是让我火大！"在现实中，是否对别人所说或所做的事情生气（或不生气）完全取决于你的选择。

这就是为什么在教育一个孩子（即使是一个很小的孩子）时，以恰当的方式处理愤怒如此重要。一个令父母头疼的小孩子如果在两三岁时大发脾气没受到任何惩罚，他将在 8 岁时成为一个肆无忌惮的"小秃鹰"，然后在 13 岁的时候变成一个让周围人更难受、更容易愤怒的青少年。如果你的孩子能最终成为法庭上的律师，那么他们的愤怒和操控愤怒的手段可能会得到很好的回报，但在大多数情况下，它会在家庭、学校以及孩子所在的任何环境中带来各种各样的麻烦。

如果你真去和孩子正面对抗，那每次输的都是你。

在他大发脾气的时候，不要正面对抗，要先避其锋芒，否则每次输的都是你。他可没什么可失去的。当他开始在商场或任何其他公共场所对你撒泼时，商场里的人会看着他，心想："哇，这孩子可真不是盏省油的灯啊。"他们还会想："什么样的父母才会生出这样的孩子呀？"那么，谁更有可能感到难堪，更有可能向发脾气的孩子步步退让呢？是你！

但不要上当。我们所有人都会感到愤怒，这是成长过程中不可获缺的一部分。但当我们处于愤怒状态的时候，不管说什么、做什么都要三思而后行。一旦愤怒的话从你嘴里说出来，就覆水难收。家长们，我是针对双方说的，既包括你的孩子对你说的话，也包括你对孩子说的话。

那么，怎样才能让孩子的怒火不那么炙热呢？怎样才能让你的怒气不那么伤人呢？

还记得你小时候吹气球玩儿的情形吗？你最喜欢做的一件事就是给气球放气，让它发出可怕的声音，从而故意惹恼你的妹妹。对于一个无法控制自己的愤怒情绪的人来说，如果你心平气和地和他讨论到底是什么在困扰着他，那效果就像一点点给气球放气一样。

如果你任由小问题不断积累，那就像继续往气球里吹气一样，让它变得越来越大、越来越硬。慢慢地，它会变得又硬又紧，最终"砰"地一声爆裂。但如果你选择和孩子谈论困扰他的事情，用这种方式来释放一些空气会怎样呢？气球会变得越来越软，蔫蔫的气球更有韧性，不会轻易爆裂。

给孩子机会让他谈谈到底是什么让他生气。你不需要发言，只要认真倾听就好了，不要评判或试图说服你的孩子。记住，你儿子的观点不一定是完全正确的，但他的话确实反映了他此刻的想法和感受。

下次你儿子发脾气的时候，把他带到一个你可以不受干扰地和他说话的地方。也许你可以说："宝贝，你刚才在厨房对待妹妹和爸爸的态度让我很不开心。你的反应和措辞非常不恰当，但我想从你这里知道是什么让你产生了这么大的反应。是什么让你觉得必须说出那样的话？做出那样的行为？"

让你的孩子有机会说出他的感受。记住，感受没有对错之分，它们只是感受而已。但大多数父母认为他们必须加以反驳，说一些诸如"哎呀，你不应该这么想"的话。你完全无须这么做，你应该正视孩子的感受。

"我很厌恶你们这样对我，"你儿子滔滔不绝地说，"我讨厌倒垃圾，讨厌总是……"

开口之前先听听你的孩子怎么说。你不仅要倾听他具体的言辞，而且要倾听他的言外之意。

　　然后做一件出乎你儿子意料的事。比如说："我愿意重新安排家务值日表。毕竟，你才15岁。是时候做出一些改变了。你为什么不在这周为我们家重新制定一张值日表，在星期五我们吃晚饭的时候拿出来呢？我们可以一起讨论讨论。仔细想想，你的小弟弟也许可以成为一名很棒的清洁工。"

　　商界有一个很好的专用名词：授权。所有好领导都希望下属能把工作做好，让他们觉得自己是团队的一部分，让他们知道自己的想法有人听、有人欣赏。如果你随便找一位一年级的老师聊聊，问问他们对一年级的孩子来说，当一个领队或值日班长有多重要。老师会告诉你孩子们有权决定排队的先后顺序。孩子们喜欢这种授权。你的孩子也一样。你得赋予他一定的权力，这样他才不会感到自己无足轻重。

　　如果你曾经拿起手机打电话给某人却无人接听，你就会知道，当完全没有机会说出自己真正想说的话时，那种挫败感有多么令人抓狂。

　　在对待自家孩子的时候，记住不要让他有同样的感受。不让你的孩子有机会说出他的想法会引发气球爆裂综合征或从未被倾听的挫败感。

愤怒是点燃汽油的火苗。

　　愤怒是点燃汽油的火苗，会引发剧烈的爆炸。如果你不在自己的家里处理孩子的愤怒，你就会遇到更大的问题。比如，一位父亲因为儿子在学校打老师而被拉上法庭，或者一位母亲接到电话说她的女儿因为路怒症开车撞死了人。

　　青春期是关键的几年，控制愤怒对你的孩子来说极其重要。它会影响孩子现在和未来的一切行为。

回顾一下你家里发生的愤怒事件。它是从什么时候开始升级到今天这个地步的？那些愤怒起来不管不顾的，都是从前发脾气时没人管束的人。

停止愤怒，从现在做起。

应对之策

以柔克刚。

厌食症

神经性厌食症是一种让人日渐衰弱的疾病，也是一种严重的精神疾病，影响着不同年龄、种族、社会经济和文化背景的人。出于对长胖的恐惧，被这种疾病折磨的人不愿意维持健康的体重。罹患此症的时候，一个体重仅 90 斤左右的女孩照镜子时看到的是一个 145 斤的形象。歌坛传奇人物卡伦·卡朋特（Karen Carpenter）就死于厌食症。

但这种疾病真的与食物无关。这可能会让大多数人觉得不可思议，因为厌食症患者的全部生活似乎都在围绕着食物打转。但事实上，厌食症与短视的人生观和扭曲的自我形象有关。

请注意，厌食症不是从成年期开始形成的。它通常始于青少年时期，往往缘于青少年对自身体重不合理的期望。一位母亲给我讲了这样一个故事：

我女儿名叫安德里亚，她小时候有点胖，因此在学校里经常被取笑。现在她 13 岁了，上个月我发现她的晚餐吃得越来越少。一天晚上，她只吃了点青豆，然后就说不饿离开了餐桌。后来她的一位朋友说自己真的很担心安德里亚，因为她在学校里从来不吃午饭，她总是把饭扔掉。

我怎么能这么迟钝呢？我还以为小孩子在这个阶段就是不怎么觉得饿。但是现在她正在减肥，而且她的体重下降得太快了。我不知道该如何解决这个问题。当我试着和她讨论时，她总是说："我很好，妈妈。这没什么大不了的。"

在我多年的职业咨询生涯中，从来没接待过因厌食症前来求助的男孩。至于其他同行，我只听一个人说曾帮助过男性厌食症患者，但也只有一个。这种疾病显然是年轻女性特有的。但它是如何开始形成的呢？

从你女儿小时候收到的完美芭比娃娃，到她在杂志、电视或电影中看到的模特，都有一个共同的主题——完美主义。

前几天，当我和小孙女艾德琳边吃晚饭边聊天时，我惊讶地发现她也在一家名叫"大波浪"的理发店（和我妻子桑德在同一家）做头发。我自己的头发迄今依然是花 15 美元就做好了。

"嗯，爷爷可以给你剪头发，"我告诉她，"你用不着去大波浪。"

5 岁的艾德琳警觉地看着我，就像 NFL（美国橄榄球联盟）的防守端锋在逼近四分卫一样。"但是，爷爷，"她说，"在大波浪，他们会给我洗头，还会为我把头发吹干。"

后来我放弃了。

真是时代的大波浪啊。

大家不妨想一想，在女孩很小的时候，社会是如何对她们强化"外貌代表一切"这一观点的。她们被"瘦就是美"的口号包围着。每位女性都面临着外界对其外貌的超高期望——从她的头发、身材、妆容到穿着，她们时刻都被挑剔着。要想被男性认为性感和有趣，有句不恰当的说法是，你必须瘦。从你女儿小时候收到的完美芭比娃娃，到她在杂志、电视或电影中看到的模特，都有一个共同的主题——完美主义。追求完美主义就如同慢性自杀。你的女儿永远无法与那些修过的图片中的形象竞争，因此女孩们根本就不该做这样的比较。

然而，有太多女孩落入了这个陷阱。比如，像安德里亚这样的女孩。

如果你怀疑你的女儿患有厌食症，你首先要做的就是马上带她去医院检查身体，然后向专门治疗厌食症的专家问诊。这是一种危及生命的疾病，是由我们社会不合理的期望和要求以及女孩由此产生的对自己的错误看法造成的。你需要对患上厌食症的孩子立刻予以关注。

如果你认为，作为孩子的父母，你自己就能处理好这件事，那你就错了。我目睹过有家长这样做，结果却让他们深爱的女儿在疾病的魔爪中越陷越深，直到生命垂危。请记住，我是那种会告诉人们不到万不得已不要去求助心理医生的人。在出现厌食症的情况下，你需要专业人士来帮助你的女儿康复。

应对之策

寻求帮助。

争吵

如果你往好的一面看，争吵对一个人的肺是很好的锻炼！

不好的一面是，吵架是一件让人厌烦的事情，它会让为人父母的你心力交瘁。当人们争吵时，他们会用"你总是……"或"你从不……"这样的极端措辞展开谈话，故意引发针锋相对地来回辩论。

大多数和青少年的争吵都是有预谋的。

不错，我用了"故意"这个词，这就是我想表达的意思。大多数和青少年的争吵都是有预谋的。简单地说，你的宝贝在耍心机操纵你，而且她很擅长这样做。

当你的孩子和你争吵时，她到底想说什么？她也许心想："嘿，我不喜欢你这么要求我，我就是要和你吵架，因为我想这么做。"

如果房间里只有一个人是吵不起来的，毕竟一个巴掌拍不响。所以，如果你选择不在你女儿在气头上的时候和她硬碰硬，而是优雅地离开到另一个房间去，或者闭上你的嘴不予回应，争吵就无法继续下去。也就是说，除非你作为家长在煽风点火！

11岁的达琳对朋友说："我从不和妈妈吵架。没有用。"

现在你明白了吧。

当孩子们开始挑衅时，你要做出一个选择：是以牙还牙，还是缓和局面？

想象一下，如果你不说："我烦透了你总是找茬儿吵架。别闹了，大小姐！"而是说："哇，你这个说法有意思，再给我讲讲。"那你就等着看你女儿脸上那副不知如何是好的表情吧。你打乱了她的步骤，终止了一场争吵。这又回到了"目的性行为"的概念。如果这种行为没有达到她想要的结果—— 一场能让她宣泄上学给她带来的负面情绪的压倒性、持续性的战斗，她就不会继续使用这一招。

如果你的孩子还年幼，你就有更多的时间进行训练。他们很快就会像达琳一样明白过来，试图和你争吵是没有用的，此后他们就会变得老实多了。但如果孩子的态度还是不好，你可以轻松地说一句："嗯，可能你是对的。我怎么没想到呢？"然后向他抛出橄榄枝，和他说："再给我多讲讲。"这会对你们的关系产生神奇的效果。

如果你的孩子很生气，你可以这样告诉他："我猜肯定有很多原因让你这么恼火。"然后坐下来听他讲。让你的孩子发泄一下负面情绪，只要他不是在对你进行人身攻击。不过你要想好，如果你的孩子对你进行人身攻击，你该做出什么样的反应。

另一种将争吵扼杀在萌芽状态的方法是保持沉默并等待。你的孩子迟早会过来问你怎么了，发生什么了。

"我来告诉你发生了什么，"你说，"妈妈不开心了。"然后径直走出房间。

孩子很可能会跟着你，一脸困惑地问："为什么？"

这时候你就可以趁机对她进行教导了，你可以对她说："因为我不喜欢你之前对我说话的方式，这很没礼貌。"

妈妈们，接下来是最难的一部分了。当你的女儿情绪低落、泫然欲泣地对你说"对不起，妈妈"时，接受她的道歉。但是，记住，不要让步，在任何情况下都不要！

当你的孩子说："所以我现在可以去看电影了，对吗？"你要回答："今天晚上我们先不提这个。"换句话说，不要让你的孩子认为一句简单的"妈妈，对不起"就能解决一切，生活就能恢复正常。她依然要为她的行为承担后果，也就是说她今晚不能出去和她的朋友们看电影。如果你现在坚持自己的立场，以后她就不太可能再尝试使用同样的策略了，因为它们不起作用。

所以，你要说一不二，"不"就是"不"，"是"就是"是"。如果你出尔反尔，就会引发争吵，因为你的女儿知道，只要她吵得更久，你就会改变主意。

当你停止反驳时，争吵也就停止了。

应 对 之 策

避其锋芒。

态度

我们在前面说过，态度是非常重要的。不，我说的不是你儿子或女儿的态度，我说的是你的态度。良好的态度是你最好的盟友，它能帮助你以轻松幽默、平和从容的方式度过孩子的青春期。

青少年现在的态度可能是世界上最糟糕的。他们的态度每天都在变化，甚至每时每刻都在变化。但你是成年人。当你选择不与爱发脾气的孩子争吵或对抗时，你们的关系很快就会得到改善——家里的紧张氛围也会立刻得到缓解。

只说"态度"一词往往会传递出消极信息。但我要指出的是，这个词也有积极的一面。当你看到孩子在做一些积极的事情时，抓住这个机会。对他说："我对你做的事情很有感触。你这样做的时候表现出了成熟的一面和出色的判断力，作为你的母亲，我感到无比自豪。"你良好的态度就是给他的礼物，将影响他一辈子。我知道还有很多家长正在苦苦寻求提高孩子自尊的方法，其实你可以在日常生活中用心观察孩子做得好的事情并及时提出表扬，这样就可以让孩子朝着拥有积极、健康的自我价值的方向前进。

请记住，17 岁的孩子可以做任何他想做的事，他之所以不去做，完全是出于对你的尊重，以及你对他积极、信任的态度。

你的鼓励会让一切变得不同。所以，把你的良好态度和对孩子的信任传递下去吧。你可以说："嘿，你做得太棒了。我真的为你感到骄傲。"然后坐下来，看着他们的态度一天天改善。

应对之策

多夸赞孩子。

经验之谈

我是在一个没人会说"谢谢"的家庭中长大的。如果我们做错了什么，总是会有人指出来，但做对了的时候却从来没有人提出表扬。后来我自己成了家，有了 4 个孩子，在听到你在《福克斯和朋友们》这档节目中的言论之前，我完全没有意识到自己正在对 4 个孩子做着同样的事情。现在，我每天都会给每个孩子一句夸奖。以前我不知道这样做对他们有多重要，直到一天晚上 11 点左右，我 14 岁的女儿凯西走进客厅对我说："爸爸，你还没告诉我，我今天有什么地方做得好。"我惊呆了。更让我惊讶的是，她给我看了她的日记，里面记录了过去一个月我说过的每句好话，从我开始这样做的那天起。夸奖孩子是我永远不想改掉的习惯。

约翰，得克萨斯州

权威人士

如果在你的孩子进入青春期之前，你一直是尽心尽责的家长，那么尊重权威人士对他来说应该不是问题。但是，对于一个没有被教育要尊重权威的青少年（比如，在成长过程中颐指气使、为所欲为的小不点儿），生活可能会给他一记响亮的耳光。如果她无视警察让她靠边停车的命令，就会有大麻烦。当他嘲笑一位老师、一位篮球教练，或者他女朋友的父亲时，他会为此付出巨大的代价。

如果你的孩子很难与权威人物相处，告诉他：“我知道你不喜欢被人指挥。但当权者的本职工作就是告诉你该做什么、该怎么做。当然，我不是你，但根据我的人生经验，你无须喜欢别人给你的建议。但你必须接受它，至少要对当权者表现出最起码的、应有的尊重。”

会真正惹怒权威人士并给自己带来麻烦的，是那些我行我素、油盐不进的孩子。那个因没得分就发火把网球拍扔到球场另一边的 15 岁男孩，就是那个 4 岁时粗野无礼、动辄撒泼哭闹，导致父母为了保持理智和家庭的平静而被迫让步的“小秃鹰”。但这样的家长养出了一个什么样的孩子呢？是个反抗一切权威——包括家长的权威——的“怪物”。

> 军队不听废话，那么，作为家长的你为什么要听？

如果你 11 岁或 12 岁的孩子做出粗野无礼、对权威嗤之以鼻的行为时，那你就该做出改变了，而且越快越好。如果你的孩子已经 17 岁，对权威毫无尊重之心，已经惹了不少麻烦，而且有迹象表明他未来会有更多的麻烦，那就让他为自己的叛逆承受相应的惩罚吧，这样现实的教训可能比你的教导要管用得多——不管你会怎么说或怎么做。如果你的儿子收到了超速行驶的罚单，他将会支付一大笔罚款并上几次法庭。随着他得到的罚单数量的增加，他的驾照可能会被吊销。如果你的女儿出了交通事故，这会使你的保险费加倍。此后，也许你就会对她说："好吧，我猜你以后只能靠你的双腿了。以后别想再开车了。"

有些孩子是在长大后才尝到苦果的。

有趣的是，曾有一些这样粗野、任性的孩子坐在我的办公室里，告诉我他们要去参军。

我差点没被他们笑死。他们真的知道军队里会发生什么吗？

但当我听到他们说"如果我去参军，他们会帮助我锻炼自己，因为他们不听废话"的时候我心想，他们说到点子上了。

军队不听废话，那么，作为家长的你为什么要听？

应对之策

给个教训。

说人坏话

在我的成长过程中，我的父母教了我一些基本的生活常识。其中一条是"在每个人身上找到至少一种你喜欢的品质，即使你不喜欢那个人"。尽管这是一个古老的忠告，但它在 21 世纪仍然适用。当你说某人的坏话时，你就是在全盘否定这个人。每个人都是独特的个体，这一事实本身就应该获得一定的尊重。

只有觉得自己不行的人才会说别人的坏话。

当你儿子说别人坏话的时候，他其实是在试图用一种不成熟的方式，让自己感觉好一点。贬低别人意味着自己在成功的阶梯上又往上爬了一级。

如果学校里有人说你女儿的坏话和谣言，你可以向她解释为什么这个人会这样做，这样可以减轻她的压力。你也许可以说："只有觉得自己不行的人才会说别人的坏话。如果那个人一定要挑你的刺，那他一定很不自信。"

如果你的孩子就是那个说别人坏话的人，那就和他摆事实讲道理。你可以说："我听说，你今天又说别人的坏话了。你真的觉得自己差劲儿到必须这样做才能感觉好点吗？"然后什么都不要再说了，沉默地走开。让他好好思考一下你这几句话，让他去体会难堪和内疚的滋味吧，这是他应得的。

你真的能完全阻止几个青少年在一起的时候说别人坏话吗？这是不可能的。但你肯定可以在自己的家里阻止他们这么做，因为你的家应该是一个没有压力的地方。

假设你的两个孩子（分别是 13 岁和 14 岁）在一个星期二的早上吵了起来。这个时候你可以挽着他们的胳膊，把他们带到另一个房间（家里最小的房间，最好空间小得只能让他们面对面贴身站着），对他们说："你们必须解决这个问题。我 20 分钟后再回来看你们。"然后关上门走开，安静地去享用你的早餐。

如果你有幸生活在温暖的气候里，就像我在亚利桑那州的图森市一样，那更好的做法是把你的孩子送出家门，让他们在门外讨论他们之间的龃龉。

不到两分钟，你的两个宝贝就会从房间里出来，告诉你他们已经和好如初了。

　　这个时候你要坚定地告诉他们："不行，我希望你们把这件事想清楚。我受够了你们俩之间的相互诋毁，希望你们能彻底和解。回去吧，18 分钟后我会回来检查。"

　　如果这 20 分钟的时间会导致他们上学迟到，那就更好了。因为现在你有机会对老师说：

　　我的孩子迟到了，因为他们非要在吃早餐的时候说对方的坏话。请该怎么处理就怎么处理。作为他们的父母，我觉得他们完全不应该迟到。

　　谢谢。

史密斯

　　如果因为这样做让孩子们错过公共汽车，而你不得不开车送他们去学校，会不会让你有点痛苦？但我想告诉你的是，仅仅是有孩子这个事实就给我们带来了很大的不便和麻烦，但你还是选择了生育孩子。这是为人父母逃不开的责任。

　　最重要的是，一定要让球落在它应该落的场地。如果你的孩子说坏话，球就属于他们。不要把不属于自己的东西往身上揽，也不要过多地参与其中。

　　不出意外的话，他们会学会不在你面前说对方的坏话。

　　在未来需要上学的日子里，他们肯定也不会在早餐时间这么做。

　　干得漂亮！

应对之策

责任自负。

身体语言

身体语言传达了千言万语。

身体语言传达了千言万语。比如，"你一定是全世界最笨的家长"（翻白眼和"哼"声）、"我好郁闷，最好的朋友今天放了我的鸽子，不和我一起玩了"（无精打采、沮丧、盯着车窗外发呆）、"我受够了，想找人打一架"（眯起眼睛、交叉双臂，做出挑衅的姿势），等等。对你来说，连孩子们的"哼"声都听起来响亮且清晰，不是吗？

当你听到这种"哼"声时，我要说的第一件事是"哼"回去。通常它会打破沉默，让你们都笑起来（或者你至少会得到一个可爱的白眼）。你需要成为一名能识别身体语言的各种变化的精明家长。

现在，在你忍不住笑之前，让我告诉你，我知道你在想什么。有的家长说："唉，莱曼博士，我们家孩子的身体语言每天都在变化，甚至每小时都在变化。我到底要怎么识别它们？"

变化是青春期孩子的自然表现。但这是重要的线索之一，家长们，如果你们希望在面对孩子时变得更精明，就必须关注这些线索。

当你看到孩子的身体语言表现出"我真的被打倒了，精疲力竭了，提不起劲儿来了"时，也许这样讲比较合适："宝贝，你今天看起来心情很低落。有什么想跟我说的吗？"

如果你的孩子摇头拒绝或耸耸肩走开，那就让他走。不要像猎犬一样扑向他，拼命想嗅出猎物在哪里。大多数父母都想从孩子那里打听到些什么。但你最好别逼孩子，你只需在他准备好诉说的时候竖起耳朵听他说话就够了。然后，你通常会听到一大堆孩子的生活中发生的事情。

　　但是，假设你的孩子直到第二天仍然一言不发，你看到的还是和前一天同样的表现。那你可以温和地说："我相信你昨天说的话，但你看起来仍然很烦恼（或不安，或发愁）。如果你能和我说说你到底遇到了什么麻烦，我会认为这是一种信任。"

　　这样的观察表明你确实注意到了他的变化，而且你在关心他的感受。现在很多青少年觉得他们的父母不关心他们。在这关键的几年里，那些没有父母支持的孩子会很难熬。如果你的态度是邀请而不是强迫，那么你的孩子就会觉得向你诉苦会令他好受一些。当然，如果他准备好了的话。

　　当你的孩子向你倾诉他的问题（比如健康问题、男女关系、朋友间的小冲突或与老师的小摩擦）时，不要草率地下结论，也不要急于做出评判。此时你该闭上你的嘴，好好听他说。有时候仅仅是有人倾听就能帮助他解决自己的问题。

　　你的孩子比世界上任何人都更在乎你的想法。这就是为什么你花时间倾听和关心他比你想象的更有意义。

应对之策

循循善诱。

多事

　　小孩子喜欢发号施令。他们喜欢指挥别人（尤其是自己的兄弟姐妹）做这做那。

我们最大的女儿霍莉总是告诉比她小 18 个月的妹妹该做什么。我提醒了霍莉很多次管好她自己就行了。"你妹妹不用你管，"我告诉霍莉，"我们做父母的会管。"

当他们玩马可波罗游戏时，霍莉总是会激怒克莉丝。就是那种游泳池游戏，一个人说"马可"，另外一个人就说"波罗"，然后闭着眼睛去寻找对方。按照规则，玩游戏的人必须待在泳池里。但是，霍莉会站在泳池外面，只把一只脚趾放进水里。而克莉丝则遵守规则，在水里游来游去试图找到霍莉。最后，当她睁开眼睛时，却看到她姐姐在得意地笑。克丽丝知道自己被骗了，她走出泳池，抱着双臂，平静且挑衅地说："我再也不玩了。"

然后霍莉会叫她"逃跑丝"，这让克莉丝更愤怒了。很多时候，作为一名家长，我不得不说："你们两个真是彼此彼此。"

由于年龄只相差 18 个月，而且性别相同，因此她们是彼此强劲的竞争对手，而且两人说话时都非常霸道（尤其是霍莉）。

在霍莉 14 岁，克莉丝 12 岁的时候，我看到她们对彼此指手画脚，指责谁穿了谁的毛衣，回到家的时候已经弄脏了，而如果是自己穿的话就不会这样。随着两个人的这种互相指责愈演愈烈，我像尤利乌斯·凯撒一样颁布了一条"法令"："禁止你们再穿彼此的衣服。"我这么做是为了保护我自己，而不是为了他们。由此，指手画脚和争吵戛然而止。

两个年龄相近的女孩会对彼此发号施令，也会经常打架；两个年龄相近的男孩就更是如此了。如果你家有两个不同性别的孩子，可能你听到的互相指责会少一点，尽管几乎没有一个家庭可以幸免。

如果你的孩子在互相指责，那你就告诉他们别让你听到他们之间的争吵。这样短短的一句话就能产生惊人的效果。毕竟，互相指责的本质是为了引起家长的注意。当它不起作用时，这种行为就会停止，或者至少发生在你听不到的地方，让你可以安静地读你的邮件。

应对之策

管好自己。

同性朋友

青少年当然应该有朋友，他们生活中最重要的朋友是同性朋友，而不是异性朋友。在篮球比赛时，如果你仔细观察一下那些成群结队的 11 ~ 13 岁的少男少女，很快就会发现男女之间在沟通上的差异性。

姑娘们就像一群可爱的鹌鹑一样跑来跑去，同时发出"唧唧咕咕"的叫声，很多时候还手牵着手。女孩们会一起谈论她们的闺蜜。那男孩呢？他们很有可能走得很慢，尽可能让自己看起来很酷，而且经常排成一个纵队，要么让自己走在同伴的正前方，要么跟在后面。他们才不会和好朋友搂搂抱抱或手牵手呢，被人看见就太尴尬了。男孩更有可能与同伴互相击掌或摔跤。

如果你需要开车送孩子们去参加体育活动或社交活动，那么你可能会忍不住打开音乐播放器，以屏蔽他们喋喋不休的谈话。不过，你最好别这样做，明智的做法是坐好、保持安静、倾听和学习。你可能会听到一些让你震惊的事情，但你会由此更深入地了解你车上的这些孩子。

有些孩子是你会喜欢的。这些孩子多半来自与你的价值观相似的家庭，他们和你的孩子有共同的兴趣爱好，在成长过程中至少懂最起码的礼貌（比如，当你把他们送回家时，他们知道说"谢谢"）。

事实证明，花太多时间在一起足够让两个人失去对彼此的兴趣。

还有一些孩子让你完全喜欢不起来，而且你有充分的理由。但在你对孩子灌输你的看法之前，可以考虑一下我这个秘密绝招。你可以对你的孩子提出建议："你为什么不邀请某某和我们一起去购物中心（或看电影、吃晚餐……）呢？"事实上，你可以在几周内多次提出这样的建议。让两人尽可能多地待在一起。

你肯定想说："莱曼博士，你疯了吗？我讨厌那个孩子。他桀骜不驯，不懂得尊重他人，也完全不会替他人着想，而且粗鲁无礼。我不想让他待在我孩子身边。"

事实证明，花太多时间在一起足够让两个人失去对彼此的兴趣。本·富兰克林（Ben Franklin）的那句"鱼放三天发臭，客住三天讨嫌"足以说明一切。

过一段时间，你的孩子就会对这位朋友做出自己的决定。下次当你说："你要不要给某某打个电话，叫他和我们一起去？"的时候，孩子很可能会耸耸肩，回答说："不，这次不要了，妈妈。"这就是他们关系开始恶化的第一个线索。

当你听到这些话时，你可以为自己在幕后的出色工作而微笑。最棒的是，你甚至不需要发出任何像是"你不要再和那个家伙在一起了！他不适合你"这样的命令。你不必对那个孩子怒目而视或者让他觉得自己不受欢迎（这对你来说并不好受）。你什么都不用说。毕竟，你是一位精明的家长，所以你已经知道，无论你说什么，都会让你的孩子下定决心证明你是错的，这也将使他坚定地维护他的朋友。

　　此外，作为一位精明的家长，明智的做法是让你的家庭成为孩子生活的中心。你可以经常邀请他的朋友到家里来。不错，这可能意味着你要花很多钱买比萨，这可能还意味着你心爱的地毯上会留下一两处污渍（更好的做法是直接把地毯收起来），可能还意味着你要准备成桶的巧克力饼干。但让这些朋友们来家里玩是值得的，因为这样你就可以直接看到你的孩子和谁一起玩，他在说什么，以及他们之间的相处方式。

聪明的父母会设法了解孩子的朋友的父母。

　　有意思的是，在我成长的岁月里，左邻右舍的十几岁孩子是在一起玩的。每个家庭通常都没有第二辆车，所以我们很少去那些不能靠步行前往的地方。这意味着我的父母也认识我朋友的父母，因为大家都住得很近。

　　但现在时代不同了。你的孩子不只和邻居的孩子一起玩，学校里的孩子更是来自四面八方。聪明的父母会设法了解孩子的朋友的父母。

　　你可能想说："莱曼博士，我一周要工作 40 多个小时，要努力赚钱支付账单，要想方设法让我的配偶感到幸福，还要清洗家中成堆的衣物，这些已经够麻烦的了，现在你还要我做什么？一个星期哪有那么多时间！"

　　每个人的一天都只有 24 个小时。对你来说什么是最重要的？了解正对你家孩子产生影响的其他孩子和他们的家庭是否重要？你只需要打个电话而已。这样做只需要 5 分钟，它会为你在未来赢得巨大的红利。你可以打电话给孩子朋友的父母说："嗨，我是詹妮弗。虽然还没能有幸认识你，但我们的两个孩子肯定很喜欢在一起。如果你愿意找个时间在星巴克和我聊几分钟，我会非常高兴，星期四可以一起吃午饭吗？"

一个简单的电话，半个小时的星巴克午餐时间为你带来的收获会远超你的想象。它在你与孩子的朋友的父母之间开辟了交流的通道。如果两家的父母彼此不认识，一个孩子可以说："嘿，我在威尔逊家。"而另一个孩子可以说："嘿，我在奥尔森家。"两家的父母都可能会上当。但是，如果你在这个时候给那位你在星巴克见过面的家长打个电话，你就能立刻知道孩子们到底在哪里或不在哪里。他们可能不在你以为的任何地方。

随着你的孩子不断调整她的兴趣爱好，她会越来越频繁地和其他有相同兴趣的孩子出去玩。例如，拉小提琴的凯拉喜欢古典音乐，喜欢骑马，喜欢穿牛仔裤，喜欢写自己幻想出来的故事，那她就不太可能和喜欢汉娜·蒙塔娜（Hannah Montana）（电视剧中的人物，偶像少女歌星）一起高唱最新摇滚歌曲，也不会和穿着豹纹衣服的孩子一起玩。

最重要的是，你要进入青少年的世界。注意我说的是"进入"，而不是"侵入"。如果你的孩子喜欢骑马，每次送他去马场的时候不要放下他就走。去马厩逛逛，了解一下其他家长。如果你的孩子喜欢音乐会，而你负责接送孩子，你可以请孩子朋友的父母和你一起去，坐在另一个区域。是的，也许你可以为孩子忍受听两个小时的流行歌曲。反正没人会看到你在音乐会前塞的耳塞。毕竟，你的父母很可能也曾经对你喜欢的音乐百般忍耐。你这样做可以与你的孩子建立一种更深层次的联结——与另一位家长结识，并打开了一扇了解孩子喜欢的音乐和世界的窗口。

作为家长，你需要建立各种关系，进而给自己一个机会去了解孩子的朋友和朋友的家人。

说到这里我就忍不住想笑。我们家有一个坚如磐石的规矩，那就是所有踏进家门的客人，无论这个人是谁，离开之前都会得到一份礼物。乌平顿太太，也就是我可爱的妻子，一直都是个热衷于送礼物的人。每年圣诞节，每个来我们家玩的孩子都会得到一份包装精美的小礼物。在此声明，这和我完全没有关系（我只负责拿着购物袋，并且希望我的妻子能尽快完成包装，这样我就可以回家看球赛了），但我很高兴我的妻子这样做了。我们的 5 个孩子总是请他们的朋友来家里玩，来过的孩子还会再来……一次又一次。

对你的孩子来说，没有什么比看到他们的朋友喜欢你更棒的了。

但为什么那些孩子会再来呢？因为他们喜欢我们！一个沉默寡言的男孩说："你很好，莱曼博士。"那是对我最大的赞美。

对你的孩子来说，没有什么比看到他们的朋友喜欢你更棒的了。这也会让我在孩子的同龄人眼中看起来很酷。

更重要的是，这样做可以让孩子的朋友来到你的家里，你可以（悄悄地）密切关注正在发生的一切。

这对你来说是无价的……

应对之策

建立关系。

经验之谈

你说应该去认识孩子的朋友的父母，也许这是常识，但我真的很喜欢这个建议。由于我们 4 个妈妈都是职场女性，所以直到互相发邮件近一个月后，我们才终于约好时间，让女儿们都去参加同一场活动。然后我们4个人去了一家餐馆喝咖啡，吃沙拉。

我们整整聊了3个小时还意犹未尽，差点没赶上去接孩子们。我们这些妈妈真的很合得来，这也是因为我们的孩子有非常多共同点。更棒的是，现在我们经常在孩子们聚在一起的时候也聚在一起，而且我们真的很享受这些时刻。这个结果肯定是我当初没有想到的。但是现在我有了3位很好的新朋友……她们有3个漂亮的女儿。我女儿可真会挑朋友。

梅兰妮，俄亥俄州

暴食症

暴食症的症状很明显，因此你可以毫不费力地发现蛛丝马迹。如果你在孩子的房间或浴室里看到不止一盒泻药，就是一个明显的线索。如果在她正努力减肥时，你听到了孩子的呕吐声（我不是指偶尔的流感引起的呕吐），这就是另一个判断孩子正罹患这种疾病的有力证据。

什么是暴食症？

暴食症是一种饮食失调症。患有暴食症的人可能会暴饮暴食，然后再将食物吐出来（也被称为"催吐"），最终陷入一种反复暴食和催吐的恶性循环。暴食指的是在短时间内快速摄入大量食物。催吐指的是通过强行呕吐、使用泻药、过度运动或禁食，以试图减轻可能因进食或暴饮暴食增加的体重。

就像神经性厌食症一样，暴食症通常不会在40岁以上的人身上出现，除非他们是从青少年时期就开始罹患此症的。这种疾病主要与青春期少女有关。我认为，暴食症和神经性厌食症一样，是由追求完美主义的社会原因诱发的，是那些对年轻女性进行狂轰滥炸的各种形象造成的。患有暴食症的人通常会无法控制自己的饮食，并对自己的行为感到内疚（他们通常也会意识到这是不正常的）。但暴食症与厌食症的区别在于，暴食症患者通常体重正常或接近正常。暴食症患者也许会一次吃 12 个甜甜圈，然后通过呕吐或吃泻药清除胃里的食物，她在享受暴饮暴食快感的同时还能控制体重。这就是暴食症没有厌食症那么快被发现的原因。但是精明的家长肯定会发现有大量食物（尤其是垃圾食品，因为我从来没听说过暴食症患者会吃过量的生菜）神秘地消失了，然后他们很快就能找到原因。

如果你看到你的孩子可能有患上暴食症的迹象，最好的办法就是直奔主题。你可以问："宝贝，我看到你房间里有一打甜甜圈，后来我在垃圾桶里发现了那个盒子。我怀疑你把所有的甜甜圈都吃了。你正在与暴食症作斗争吗？"

暴食症对青少年有很大的心理、情感和社会功能方面的影响。当她狼吞虎咽的时候，她会为自己的失控感到难过，但似乎又无法自控。然后她会感到内疚，这种内疚会严重影响到她的生活。患有暴食症的人会做出自暴自弃的行为，这将影响着她这个人的一切，也影响着她所做的一切。

家长们，这个时候你必须介入。你的孩子可能不会像厌食症患者那样日渐消瘦，但暴食症也会引发非常严重的后果。这时你需要马上去寻求专业帮助。如果你不知道从哪里开始，可以先和你的医生谈谈。你需要为了孩子的现在和将来态度坚决地介入。

应对之策

直奔主题。

车钥匙大战

车钥匙有4种不同的类型：红心、黑桃、梅花和方块。我想说什么呢？车钥匙就像4张A。在青少年的心中，它们是通往自由的要道。

车钥匙就像4张A。在青少年的心中，它们是通往自由的要道。

但自由也伴随着责任。多年来我一直在说，如果要管教青少年，就用车的问题来"撞击"他们，但请不要过于激进。对大多数孩子来说，开车是件大事。有时候，因为孩子不好好听你说话或对你不尊重，你必须和他们来一场"斗牛"，即用你的行动表明开家里的车并不是理所当然的，而是给予那些听话、服从、值得信任、乐于助人、善良和体贴的孩子的特权。

现在的大多数孩子在拿到驾照并摸到车的时候都理直气壮的，就好像在说"这是你欠我的"一样。他们根本无法想象当提出要开家里的车而你居然说"不"的情景。

但是，家长们，这是你每天都要带着孩子走的平衡木。你是家长，不是他们的哥们儿。你必须知道什么时候孩子该适可而止，什么时候他们的行为已经越界，并且要能够及时指出来并坚持自己的立场。

没有一个青少年会走一条完美的直线。他们可能会一次一次地从平衡木上摔下来，你需要在旁边看着他们掉下去，然后再把他们扶起来。

但是，当他们没有履行身为家庭成员应尽的义务时，不要害怕打击他们。在16岁以上的青少年中，99%的人认为开车是他们应有的权利。

你可以这样想。如果你的孩子连作为家庭一员的责任都不能承担，那你凭什么要让她摸到方向盘呢？要知道驾驶员该承担的责任可比家务重多了，不管是对她自己还是对他人。

禁止你的孩子开车的时间可能是 3 天、1 周甚至更长。你要让她有时间认识到："妈妈和爸爸是认真的。他们有权这么对我（尽管我不愿承认这一点），王牌都在他们手上，只不过我不喜欢他们打出来。我得好好表现了，不然上大学前休想摸到车。"

有些青少年会不断挑衅你，把你激得不得不站起来，拿出你作为家长的威严。你们中的一些人已经走到了这一步。如果你的孩子未经你的允许就把车开走了，你会做什么？你可以向警察报告你的车失踪了，告诉他们你认为是你儿子擅自开走的。然后就请警察来处理吧，这肯定会让你儿子正视这个问题。顺便说一下，如果他未经你的允许就开走了车，就是在向你证明，作为家长的你应该更谨慎地保管车钥匙，把它放在他拿不到的地方。这才是一位精明的家长该做的事情。

你和孩子之间的关系的质量，取决于你们之间相互尊重的程度。

应对之策

正面交锋。

经验之谈

你说年轻一代总是认为"这是你欠我的"，我觉得真是说到点儿上了。这就是我们家正在发生的情况。所以我决定改变现状。当我的大女儿要求我把车钥匙给她时，我拒绝了。她气呼呼地非要让我给她车钥匙，但我没理她，直到最后她问："爸爸，为什么？"

我向她解释了她那种"这是你欠我的"和她在家里做事不负责任的态度是如何伤害我和她母亲的。我决定不再把车钥匙交给一个不负责任的人。她吓得闭上了嘴，然后回到自己的房间，整个晚上都没再出来。第二天，她起床吃早餐，没有抱怨。放学回家后也表现得安静且恭敬。然后她又找我要车钥匙。我说不行，她看起来若有所思，又回到了自己的房间。这是一个月前发生的事，从那天晚上开始，她一次也没来找我要过车钥匙。后来她变得很为兄弟姐妹着想，对学业也一丝不苟，那种"这是你欠我的"态度不见了。

明天是她的 17 岁生日。我在想今晚我们全家一起出去吃顿饭会是个不错的选择。猜猜谁来开车？谢谢你出的好主意，让我们得到了一个态度彻底有所改观的女儿。

肖恩，堪萨斯州

手机

有一天，我和 17 岁的女儿劳伦一起开车出门。我看见她不停地在发信息，她的样子就像一只患有多动症的啄木鸟。

"宝贝，你在给谁发信息呢？"我问她。

"扎克，"她说（扎克是她的男朋友）。

"你为什么不直接拿起电话跟他讲呢？"

她给了我一个可爱的白眼说："爸爸，我没那么多时间和你讨论这个问题。"

朋友们，这就是我们生活的世界，不管你们这些非技术人员喜不喜欢。

在写本书的时候，我问劳伦（她现在 18 岁了），小孩子使用手机的最低年龄应该是多少岁。她说："13 岁。"听到这个回答时的我并不惊讶。

　　手机并不是某些人口中形容的怪物，它可能会成为我们的朋友、帮手和救星。

　　有人引用我的话说，当一个青少年（大约 16 岁）开车的时候，他们需要一部手机。现在的小孩子喜欢到处跑，他们有时会在成年人的监督下成群结队地玩，有时则没有成年人的监督，这样就有可能发生意外。我希望在我想要和女儿联系的时候就能联系到她，我希望一直都能知道她在哪里。

　　手机并不是某些人口中形容的怪物，它可能会成为我们的朋友、帮手和救星。

　　但更重要的一点是，拥有手机是一种特殊待遇。这是需要付出一定成本的。在这个问题上有两种观点（同样，每一种观点都有瑕疵）。有些父母坚持让孩子为他们参加的所有活动支付部分费用。坦率地说，除非你家十几岁的孩子有一只表现良好的股票基金，而且钱包鼓鼓的，否则这是不太可能的，也是容易让孩子心生挫败感的要求。一个更好的办法是告诉你的孩子："作为这个家庭的一员，你生来就能得到某些好处。我们一起玩耍、一起祈祷、一起劳动。我们一荣俱荣，一损俱损。我们互相支持，互相鼓励。正因为你是我们家的一员，所以你才能享受一些特殊待遇。其中的一种就是拥有手机。"你看，在你们的关系中，最关键的就是尊重。

　　根据我的了解，如果家里有个十几岁的孩子，一定要确保你的手机套餐里有足够的流量（我们选择了家庭套餐，这帮我们省了不少钱），因为如果不这样做，你根本不知道自己会收到多少账单，或者账单金额会有几个"0"。

我现在有一部智能手机，我喜欢这个小可爱。我用它上 Facebook，还用它看报纸。能用这部手机干的事可太多了。

我很想告诉你手机会越来越大，越来越好，但十有八九它们会越来越小，越来越好。不过，有一个事实是肯定的：它们的用途越来越广泛了，使用的人也越来越多了。

与此同时，每年它们的影响力都在向越来越小的孩子蔓延。《今日美国》发表了一篇题为《父母担心孩子没学会走路先学会用手机》的文章，讲述了 3 岁的夏洛特·斯塔普顿 2 年前就把母亲的手机玩得滚瓜烂熟。

"她总是被它吸引，" 33 岁的注册会计师安斯利·斯塔普顿说，女儿一直求着要她的高科技玩伴，但是妈妈有她的要求和规则……

这样的孩子被称为 "IT 儿"。他们是 21 世纪的 "神童"。两三岁的孩子比你更熟悉手机或平板电脑的使用方法。

儿童心理专家和家长们担心，过早让孩子接触这类电子产品会引发反社会行为和无法与同龄人沟通的问题。"今天的孩子们会像'婴儿潮'一代的长辈们一样，生活就是开机、上线、下线吗？"《今日美国》的作者克雷格·威尔逊说。"6~9 岁的孩子中有 5% 拥有自己的手机，" 他在报告中称，"而且这个比例每个月都在增长。好也罢，坏也罢，这就是当代孩子童年生活的一部分。"

随着科技的发展，我们做父母的也需要在使用手机技术方面变得更精明一点。关键词是 "平衡"，一切事物都需要平衡。

应对之策

特殊对待。

心结

青少年可能会因各种原因产生心结。

- 父母劳燕分飞，孩子不得不一半时间住在爸爸家，一半时间住在妈妈家。

- 他有了 3 个新的继兄弟姐妹，而他完全不喜欢他们。

- 她的成绩不是很好。

- 他似乎不能很好地融入学校生活。

- 她脸上的青春痘很多。

- 很少有孩子给他打电话。

- 他被篮球队开除了。

有些青少年的座右铭是"我是受害者，生活对我一直不公平，而且永远都会不公平"。

相信我，如果你看到孩子心事重重，那一定是有原因的。每个人在人生早期都会形成一种"人生主旋律"。有些青少年的座右铭是"我是受害者，生活对我一直不公平，而且永远都会不公平"。他们会因为真实和 / 或想象的错误而感到受人轻视。

如果你的孩子被不公正地对待过，那他可能会有一个很大的心结。有首老歌唱道"你总是伤害那个你爱的人"，这种心理现象正在各地的家庭中肆虐，造成了严重的破坏。当你的孩子觉得生活不公平、生活伤害了他时，他内心就会认为（通常是源于潜意识的）"我有权攻击别人"。而当他选择"出击"的时候，是冲着陌生人吗？通常不是。他没有那么多接触陌生人的机会。相反，他攻击的是那些与他最亲近的人——身边的家人。

在现实中，有些孩子已经受到了生活的伤害。也许你的孩子不是那么可爱，但作为成年人，在这种情况下，你需要尽最大努力去爱那个不可爱的人。有首老歌是这样唱的："这个世界现在需要的是爱，甜蜜的爱。"爱是一种选择，而且爱一个人没那么容易。所以在家庭战斗最激烈的时候，你要第一个说"对不起，我不应该那样讲"。

如果你对一个心存芥蒂的孩子吆五喝六："嘿，小子，你最好给我打起精神来。"你是不会得到任何结果的。

相反，你应该说"我很担心你""你看起来很苦恼"或者"你看起来很生气"。这些话可以成为一场对话的开场白，让你们的关系开始缓和。

有时候你只需告诉他："如果我是你，我也会生气的。"用这样的方式建立平等的关系。这样说会让你们站在同一层次上，而不会让孩子觉得你是高高在上地俯视他。此外，你还可以再补充一句："想想就这么短短几年时间，你身上发生了多少事呀，你能有现在这样的表现让我觉得很了不起。告诉我，我能帮上什么忙吗？"

就像这样小心地开启谈话的闸门，然后安静地听着他滔滔不绝地倾诉，直到他把话说完为止。

应 对 之 策

平等交流。

经验之谈

自从我和丹在 3 年前加入现在这个家庭后，家里就像爆发了"第三次世界大战"一样。孩子们无论如何都合不来。说到去爱那些"不可爱"的人，我们在这方面有很多经验。但我们已经厌倦了没完没了的战争和那种满怀芥蒂的态度。

听你讲了离婚家庭的孩子会有哪些经历后，我们决定召开一次家庭会议。我们告诉孩子们，我们理解他们对新处境的不满，知道他们不喜欢新来的兄弟姐妹，也理解他们有理由为此生气。但我们必须做出选择：要么继续互不相让，要么试着解决问题。然后我们问："我们能做点什么？"

孩子们一开始面面相觑，在沉默了一会儿后，他们开始一个接一个地说话了。他们说的话都不太好听，他们对我们之前的婚姻破裂感到失望，接受不了自己的爸爸或妈妈不再是他们生活中的一部分。但这是我们第一次开始平心静气地交谈，而不是互相嘶吼。那晚对我们来说是个转折点。现在我们每周都有一次家庭会议——正如你所建议的，在气球爆炸前提前一点给它放气。生活并不完美，但我至少看到希望了！

艾琳，新墨西哥州

家务

关于家务方面的争吵，我有一个完美的解决方案：随着孩子长大，减轻他们的家务量。

"莱曼博士，你在说什么？我没搞错吧！"你一定想问。

你没搞错。

等孩子到了十几岁，开始在外面参加一些活动的时候，你就可以把他常做的一些家务活交给比他更小的孩子。这对他来说很公平，因为每次当家里有什么活儿要干时，父母通常喊来的都是那个最大的孩子。

每个人都应该承担自己的责任。

但在一个家庭中，每位家庭成员都同样重要。每个人都应该分担一部分家务。在当今这个忙乱的世界，许多家庭的父母都需要同时外出工作。还有一些是单亲家庭，没有配偶来分担父母的职责。这样的家庭想要维持家庭的正常运转就更难了。在这个时候，孩子们分担一些家务就变得责无旁贷了。我不知道有哪个在外工作的妈妈在回家路上不是满脑子装满这样的念头："唉，晚餐吃点什么好呢？我今晚有什么会议要参加吗？孩子们有什么活动吗？"当她开着车在车流中穿梭时，已经在头脑里列了一长串清单。

我想说的是，每个人都应该承担自己的责任。做晚饭、洗衣服或收拾房间并不总是父母的责任，尤其是当他们在外工作时。8~11 岁的孩子当然可以帮忙准备晚餐、遛狗、喂狗、取包裹、收拾客厅，等等。

今天早上，我亲爱的妻子乌平顿太太正在睡懒觉。当我走进厨房看到水槽里的脏盘子时，立刻就像一只训练有素的海豹一样洗了起来。我把干净的盘子收好，把脏的盘子放在洗碗机里，这样我疲惫的妻子就可以继续睡觉了。我没等她起床就动手了。

家里的每个人都要做家务，没有谁能置身事外。

这就是为什么付钱让你的孩子做家务是不明智的。毕竟，妈妈们，你做晚餐有报酬吗？爸爸们，洗衣服、叠衣服需要收钱吗？当然，每名家庭成员都应该得到一些零用钱，因为他们是家庭的一份子。

但是，如果你的孩子不做分配给他的家务，你该怎么办呢？啊，这就是有趣的地方。如果他不做家务，那么他的零用钱就会少一点，这点钱要么归你，要么归他妹妹，因为她帮他完成了家务。用不了多久，你儿子就会吸取教训，从沙发上爬起来乖乖去干活。

在全国各地举行研讨会时，一讲到这个主题，我就会请那些在农场长大的人举手。"好吧，"我说，"那些在农场长大的人现在可以自由地离开我的研讨会了，因为你们学不到太多东西。"这是因为，在农场，每个人都在工作，每个人都会回报家庭。这是一件非常有利的事情，因为它能让一个家庭变得更强大。

应对之策

各司其职。

穿着

穿衣品位因人而异，孩子青睐的衣服款式可能是你不屑一顾的。那你该怎么表明你的底线呢？

假设你发育良好的13岁女儿和朋友去购物，带回家的一件衬衫不但能让她傲人的曲线一览无余，而且可能会使距她十几米远的陌生人都忍不住多看两眼。这时，作为家长的你就需要把手伸进你裤子后面的口袋，掏出一张"黄牌"，坚定地告诉她："不能穿这件衣服出去！"

"可是，妈妈！"她一定会闹起来，然后争吵就会接踵而来。但是记住你已经学过的内容——吵架需要两个人，而你是一位有智慧的妈妈。

你只需说："宝贝，有些事你可以做主，但有些事你不能。等你走出家门自己挣钱自己花的时候，你想怎么穿就怎么穿。但现在，我们要把这件衬衫退回商店，因为它不适合你。"

现在也是爸爸（或者其他男性角色，如果你是单亲妈妈的话）该出场的时候了，这是和女儿谈谈男人如何看待女人的绝佳时机。有些打扮对很多年轻女性来说是时髦的，而在年轻男性看来很有可能有挑逗的意味。我并不想让自己听起来像个两只脚都已踏进坟墓的老古董，但是，朴素、端庄（无论是在衣着上还是在其他方面）是一种伟大的品质，但我们现在的大多数人在某种程度上都缺少这种品质。

不管在哪个时代，朴素、端庄都是最好的品质。

那么，怎么决定你的孩子可以在衣服上花多少钱呢？卜面是我的简单解决方案。每个家庭购置新衣的预算是不同的。一定要从家庭整体条件出发，为每个孩子的着装设定一个你觉得可行的预算，并告诉你的孩子她有多少钱可以用于买新衣服，然后让她自己决定去哪里购物。比如，"我们今年要花 300 美元买校服。你想把钱花在什么地方由你决定，但只有这些钱，花完了就没了"。

当你把钱交到孩子手里时，你会惊讶地发现她有多会买东西。

当你把钱交到孩子手里时，你会惊讶地发现她有多会买东西。你第一次这样做的时候，她可能会把钱都花在一个地方。但当你坚持自己的立场并说"没有更多了"的时候，她很快就会明白，如果她选择在打折时多买两件，就可以省下钱买更多的东西。我们家 5 个孩子在十几岁的时候都喜欢在二手

店购物，因为这样他们就可以花很少的钱找到他们喜欢而且有趣的东西。

　　这是否意味着你要把钱交给你的孩子，任由她自己去安排？不，你要和他一起去购物。我是一个讨厌购物的人。我们男人可能更愿意把购物的机会留给女人。

应对之策

朴素、端庄。

经验之谈

　　你让我们制定预算然后把钱交到孩子手里，这个妙招刚刚平息了我们家的一场大乱。我们的女儿总是想要最新潮的牛仔裤、最昂贵的钱包以及其他烧钱的东西。而我丈夫过去一年没有工作，只能打零工赚钱。我在当地一家托儿所上班，赚得也不多。我厌倦了听夏琳抱怨她的衣服不够酷。所以我算了一下我们一年中在她的衣服上到底花了多少钱，然后告诉她预算是多少，我们每个月都会给她钱，她可以自己决定怎么花。

　　她把第一个月的钱都花在买一件衣服上了。当我们不再像以前那样拿出更多的钱给她买其他东西时，她就醒悟了。第二个月，她开始和一位朋友去折扣店购物。现在她们两个人发信息讨论的是"省了多少钱"，而不是一件东西花了多少钱。这种办法确实让我摆脱了为她买衣服的痛苦！

安德里亚，密歇根州

宵禁／晚归

每次我和家长们谈论这个问题时，他们都会惊讶地发现，莱曼家的孩子从来没有过宵禁一说。

有人曾对我说："莱曼博士，我读过你的书，它们全是以行为为导向的，并倡导给予孩子一种'严厉的爱'。你现在却告诉我们你从来没对儿女用过宵禁的方法？"

没错，我们没用过。下面我来说说为什么。

当你同意孩子和他的朋友开着家里的车出去时，已经表达了对他的责任感和决策能力的肯定。否则你为什么要让他开着一辆有可能让他或其他人受伤甚至死亡的车出门呢？

当你的孩子问："我应该什么时候回家？"时，你需要回答："在合理的时间。"

所以这表明你足够信任自己的孩子。现在是时候把球放到它该去的地方了。当你的孩子问："我什么时候应该回家？"时，你需要回答："在合理的时间。"

你可能会说："莱曼博士，如果我对我的孩子这么说，他会在凌晨4:30回家！"

那我告诉你，如果我的孩子那么做，那将是很长很长一段时间内，他最后一次开着我的车出去。

我想告诉大家的是，要期望你的孩子有最好的表现。给予他们积极的期望比用肯定会引发他们反抗的消极命令要有效得多（即使你发出这样的命令是由他们的行为造成的）。

你可能会像我和桑德那样，惊讶地发现孩子会比你规定的宵禁时间更早回家。在我们家，我还让孩子们制定了一份用车守则。他们给自己的规定比我们作为父母强加给他们的要严格多了。

当你说"在合理的时间回家"的时候，大多数青少年的反应是"告诉我具体的时间"。此时你只需要重复你刚才说的话："只要在合理的时间回家就行了。"

虽然孩子们希望你告诉他们明确的时间，比如"凌晨一点必须到家，否则我会把你变成一只青蛙"，但你想传达给孩子的信息是"我相信你会做正确的事"。

这是一个你绝对不能错过的教育时刻。

应对之策

积极期待。

自残

梅奥诊所（一家美国知名医疗机构）是这样定义自残的：

这是一种故意伤害自己身体的行为，比如割伤或灼伤自己。这并不是一种自杀企图，而是在应对情感上的痛苦、强烈的愤怒和挫折感时的一种不当方式。虽然自残可能会让个体的紧张感得到缓解并获得平静感，但随之而来的通常是内疚和羞愧，以及痛苦情绪的回归。自残也有可能造成严重的甚至致命的伤害。

那怎么才能知道孩子是否有这方面的问题呢？按照梅奥诊所的说法，要注意以下这些蛛丝马迹：

- 疤痕，如烧伤或割伤；
- 新鲜的割伤、抓伤、瘀伤或其他伤口；
- 骨折；
- 随身携带锋利的物品（如剃须刀、小刀）；
- 大部分时间都一个人待着；
- 人际关系出现问题；
- 一直穿长袖或长裤，即使是在炎热的天气里；
- 经常说遇到了事故或灾祸。

如果一个孩子正在处理过去的创伤，或正面对日常生活中无法解决的问题，他可能会采用割伤自己或其他自残方法来应对。这可能会暂时让他感觉好一点，仿佛能让他再次掌控生活一样，但痛苦很快就会卷土重来，形成恶性循环。

> 有自残行为的孩子将此作为一种重新掌控生活的方式。

有自残行为的孩子经常想要停止这么做，却又不知该如何停止。除非有人帮助他们了解为什么想伤害自己，帮助他们学会用健康的方式应对压力，并找到合适的资源帮助他们，否则靠他们自己是停不下来的。做出割伤行为的孩子通常会被归入"自杀营"，但大多数割伤自己的孩子只是将此作为一种重新掌控生活的方式，而不是一种寻死的方式。他们通常用这种方法处理强烈的情绪，隐藏情感上的痛苦（这样他们就可以只专注于身体上的痛苦），控制自己的身体或者惩罚自己，而且他们通常会偷偷地做这件事而不像那些为了引起注意试图自杀的孩子。

注意，大多数 40 多岁的人不会做这种自残行为。这种割伤自己的行为是青少年特有的。为什么？因为青少年体验到的情绪往往是大起大落的。那些割伤自己的孩子通常有抑郁倾向，他们在大部分时间里都独自待在房间里。他们觉得自己无法控制生活中的任何事情。这些孩子迫切需要有人和他们说说话，即使他们不擅长维系人际关系。他们对自己的愤怒是指向内心的。

父母通常会把很多事情归为"阶段性"而一笔带过。他们会说："哦，这只是他正在经历的一个阶段而已。"但自残不是一个阶段。像神经性厌食症和暴食症一样，割伤以及其他自残行为是非常严重的。它的出现是源于深层次的心理或情感原因。

如果有一头大象正坐在你家客厅的沙发上，你是会径直走过，假装它不存在，还是会挨着大象坐在沙发上，问它为什么在那里，发生了什么？

如果你的孩子有割伤自己的行为，这并不代表你是一名失败的家长。但这是一个警钟，它告诉你孩子的生活中发生了一些事情，他需要帮助。现在是时候为你的儿子或女儿寻求专业帮助了。

应对之策

不要逃避。

死亡

我最早的有关死亡的记忆是去参加我姑妈的葬礼（那时我 5 岁）。我记得有人告诉过我，米奇姑妈只是睡着了。

当时我就想："我才不信呢。她看起来可不像是在睡觉。我想她已经死了。"

我真的记得我是这么想的。

我不傻，你的孩子也不傻。在我成长的过程中，大多数成年人都试图保护孩子，不让他们了解死亡。所以，不管我的父母出于什么原因选择在我 5 岁的时候带我去参加葬礼，他们的这种行为肯定是不寻常的。可能是因为他们没钱请保姆，因为我们家经济紧张。

但在当今世界，孩子们面临的死亡问题远远超出你的想象。例如，我的女儿劳伦是一名高中学生，她的一些同学已经失去了父母。有一个名叫特丽的孩子，她就读于市中心的一所初中。在过去的 3 年里，她的 5 名同学死于帮派谋杀。还有一个叫杰瑞德的孩子，他有一位最好的朋友在私立预科学校念书，因为受不了生活的压力而自杀了。珍娜，一个 11 岁的孩子，刚刚得知她 14 岁的弟弟第 3 轮化疗失败，将不久于人世。还有一个叫玛丽的孩子，她的祖母不久前死于乳腺癌。媒体上也充斥着大量与死亡相关的消息，而且充斥着大肆报道青少年因为受到侮辱杀害同学和老师的新闻。

你是怎么处理关于死亡的问题的呢？你是怎么对孩子说的？

当你的孩子第一次失去一位家人或朋友时，认识到生命终结的现实可能是毁灭性的打击。

死亡可能会突如其来。当你的孩子第一次失去一位家人或朋友时，认识到生命终结的现实可能是毁灭性的打击。死亡的过程也可能因为长期的疾病而拉得很长，所以你的孩子将在很长的一段时间内眼睁睁地看着丧失的来临

（例如，他的祖父母因患有阿尔茨海默病，正在慢慢地走向衰亡）。

电影中的很多"激动人心"的死亡场面与亲身面对死亡的残酷现实是截然不同的，而且后者往往会给人带来沉重的打击。他们看到自己的爷爷从一个充满乐趣、充满活力的人变得日益衰老并与自己渐行渐远。他们以为会永远与自己在一起的朋友因为车祸一夜之间就撒手人寰。

所有生物都会死亡。这是我认为应该让孩子们养宠物的一个原因（开始的时候可以养像鱼这样寿命短的宠物），因为面对宠物的死亡是一个重要的人生课题，它可以帮助你的孩子为接受亲人的死亡做好心理准备。

当你的孩子面临身边人的死亡时，我的建议是永远保持开放坦诚的心态。不要吝惜你的眼泪，也不要互相隐瞒。给你的孩子一个机会谈谈他的感受。确保他有机会对父母、兄弟或朋友说出任何他想说的话。死亡是最后的结局，我们没有第二次机会说出那些重要的话。所以抓紧现在这一刻。如果那个人已经去世了，那么可以让你的孩子给那个人写一封信，表达他的感受，帮助他处理悲伤。

毕竟，死亡的一部分就是学习如何生活，也许你可以思考如果你能和那个人重建一段关系，你会表现得有哪些不同。然后你就可以将领悟到的相处之道用于新的人际关系中。

应对之策

坦然面对。

抑郁症

以前的阿曼达是一个活泼快乐的女孩，喜欢大声唱最新的电影歌曲。她清脆爽朗的笑声给大家留下了深刻的印象，所有人都知道她是个很有创造力的孩子，她喜欢为父母和朋友表演自己创作的音乐剧。后来阿曼达在 11 岁迎来初潮之后，由于进入了激素分泌高峰期，她每天至少要在学校哭两次，因为她觉得生活压力太大不堪重负。她变得沉默寡言，与昔日的好朋友逐渐疏远，总是盯着虚空发呆。每天早上她都会求她爸爸不要送她去上学，因为曾经喜欢的学校现在让她极度讨厌。她觉得没有人喜欢自己，尽管她周围依然是一群和从前一样可爱的朋友。

阿曼达抑郁了。

抑郁不仅仅是暂时的"情绪低落"。

抑郁症是一种"全身性"疾病，涉及躯体、情绪和思想。它会影响吃饭、睡觉、对自己的感觉以及对事物的看法。抑郁症和短暂的忧郁情绪不一样。它不是一个人软弱的表现，也不是一种可以通过意志或意愿消除的。患有抑郁症的人是不可能只靠"打起精神"就好起来的。

抑郁的人会经常无缘无故地感到悲伤，并对过往喜欢的一切彻底失去兴趣。他们对生活毫无热情、漠不关心。他们做什么事都无法保持专注，难以集中注意力。他们认为周围的人都不喜欢自己，并且会退出以往活跃的小团体，疏远曾经的朋友。

如果你在孩子的行为举止上看到了这些变化，并且已经持续了不止一天两天，就表明你的孩子可能正在与抑郁症进行斗争。

抑郁症不会轻易消失，这是一个医学问题。

　　由于青春期孩子的情绪可能会像过山车一样大起大落，许多父母的心态是"他只是现在有点情绪低落，会好起来的"。但抑郁症是不会轻易过去的，这是一个医学问题，需要立即请医生来处理。另外，要注意精神疾病往往会在家族中遗传下去。你的家族中有人罹患抑郁症吗？

　　当你看到自己的儿子或女儿在性格和行为上出现重大且突然的改变时（大多数患有抑郁症的青少年会在行为和个性上发生 180 度大转变），请保持警惕。你越快得到专业帮助，对你的孩子和你的整个家庭就越好。

应对之策

保持警惕。

父母离异

　　离婚对任何人来说都不容易，尤其是涉及孩子的时候。孩子会感觉自己就像被父母拉扯的叉骨（一种民间习俗，吃叉骨的时候一人一头使劲儿扯，谁扯的骨头更长就可以许个愿，因此叉骨又名"许愿骨"）。为了让双亲都开心，他们努力让自己变得长一点，再长一点。他们不想在两个自己所爱的人之间做出选择。

　　有智慧的父母会让孩子远离夫妻之间的战场。对那些在婚姻中无法和睦相处，在离婚时又针锋相对的父母来说，我知道这个要求很高。再说一遍，谁是大人？你的孩子并没有选择让你们离婚，做决定的是你和你的前任配偶。所以把压力留给你们两个人，不要波及你的孩子。

是你的孩子选择让你们离婚的吗？不，是你和你的前任。那么，为什么孩子们要像煎饼一样，被翻来覆去地折磨？

这意味着你最好不要说前任的坏话（尽管你可能会情不自禁地想这样做），永远别说。即使你的前任是个混球，但你说对方的坏话也会给你带来反噬。给予你的孩子一些信任，相信他分得清在这种情况下谁说的是真话，不管是现在还是将来。你不必费尽心机地在孩子耳边没完没了地辩解澄清。

恕我直言，按照离婚协议的惯例，安排你的孩子在你家里住一周，再在你前任的家里住一周，对孩子来说是非常残忍的。我再问一次，是你的孩子选择让你们离婚的吗？不，是你和你的前任。那么，为什么你的孩子要像煎饼一样，翻来覆去地被折磨？如果不让孩子奔波，而是让父母换着房子住呢？在我看来，这对孩子们来说要好得多。有趣的是，许多正在准备离婚或已经离婚的父母已经领悟了这一点，并且正在尝试这么做。但有时这种办法可能行不通，尤其是如果这是一场充满混乱和愤怒的离婚官司。

我想说的是，尽管受到法律协议的约束，但你最好能做点什么，来让你的孩子过得轻松些。如果有什么方法可以让你的孩子能按照自己的心愿去看望父母中的另一方，那就去做吧。让孩子自主决定他要在另一个家待多长时间，这对孩子来说是一件好事。

你们中的一些人读到以上这些内容时可能会生气，因为这些话是你们最不想听到的。每个月你只有一个周末能见女儿一面。但如果你想与孩子终生都保持良好的亲子关系，强迫孩子出于义务和你待在一起有害无益。

就算父母没有离异，青少年的生活压力也已经够大了。然而，离婚是我们这个社会无法回避的现实。但这并不代表成年人不应该尽力为孩子减轻压力。

最近，我接到了一位父亲打来的一通令人心碎的电话。他的前妻是个酒鬼，她不但把他拖上法庭，而且到处散布关于他的谣言。她在法庭系统面前尽可能地抹黑他，这样她就得到了女儿除星期六以外的全部监护权。问题是，这位爸爸通常要在周末工作，所以他很难抽出时间去看女儿。

那个人哭着告诉我他的情况。

"莱曼博士，"他说，"我非常爱我的女儿，但我正在失去她。她才 14 岁啊！"

母亲一直在女儿面诋毁父亲的形象，以致女儿再也不想见到父亲了，她对母亲的谎言信以为真。

我是这样对这位父亲说的：

先告诉你一个好消息，像你这样的情况我见得多了，我帮助过的类似家庭就有好几百个，到最后都皆大欢喜。但你可能不太爱听我要说的话。不要强迫你十几岁的女儿来见你，并且保持沉默。我知道在此期间你会难受得想死，但要耐心等待。任何一个 14 岁的孩子，如果和一位抑郁、酗酒的妈妈生活在一起，怎么可能有长久的幸福。当你不再送上门去当她们心理上的出气筒（坦率地说，这就是你现在对她们的全部意义，尽管你只是想做一个好爸爸）时你会对接下来发生的事情感到惊讶。

即使法院说你每隔一周的星期六从几点到几点有探视权，但如果你不去就真的会被判定为藐视法庭罪吗？你可以和你的律师谈谈，但我认为并不会。你可以选择去见你女儿，但你不是必须要这么做。所以你只需要暂时让自己置身事外。如果你离得够远，至少当你的女儿打电话给你时，你会知道她是想和你说话的。不要陷入"迪士尼爸爸"的陷阱——用尽浑身解数只为讨女儿喜欢。关系是需要两个人维系的，双方都必须付出。

无论从哪方面看，离婚都是件很糟糕的事。但如果你坦坦荡荡，永远不说前任的坏话，绝对就是在为你的孩子做最好的事。我认识很多孩子，等他们离开家开始独立生活时，就对家里发生的事情有了更全面的看法，然后就会特意花时间和父母中的另一方在一起。

应对之策

投鼠忌器。

不合群

吉米算得上是一名优等生、才华横溢的"音乐家"，还是个书迷。他是个性情平和的孩子，所有人似乎都喜欢他。但他的父母担心他独处的时间太长了。他们希望吉米能加入一个小圈子，能和大家一起出去玩。

下面我要问你们的问题也是我问过那些父母的问题："你真的希望你的孩子和其他同龄人一样吗？你有多想让他融入群体？"

> 大多数青少年就像旅鼠一样，他们不会自己做决定，因为他们陷入了群体思维。

如果你的孩子和其他青少年一样，他很有可能在青春期变得叛逆；他可能在考试中作弊；他可能会骗你星期五晚上他在哪里。

那是因为大多数青少年就像旅鼠一样，他们不会自己做决定，因为他们陷入了群体思维。他们不会挺身而出捍卫正义，因为没人教他们这样做。所以他们会跟着大多数人行动，不管这样的行动是对是错。

永远不要担心你的孩子不能融入某个群体（当然，除非你看到他因此而变得抑郁）。至于吉米，他是家里的独生子，而独生子往往喜欢独处。他们通常是那种性格内向，热爱思考，不需要时刻呼朋唤友但个人能力相当出众的人。他们很善于自得其乐。

如果你的孩子在学校不属于任何一个受欢迎的小团体，好吧，这对她有好处！回顾一下你自己的高中班级。很多高中时代的"万人迷"后来并没有成为最成功、最幸福的成年人，不是吗？但那些你认为他们永远成不了大事的孩子呢？他们的状况绝对让你意想不到。她可能是一位脑外科医生，可能是一位天体物理学家，可能是一位刚刚因其写的创新小说获得纽伯瑞奖的作家，也可能是一位能修复飞机的专家。

正如我常说的，"如果一个人拥有一匹漂亮的马，他必须记住，美在于马，而不在于人"。所以，教育你的孩子们什么才是人生真正重要的——是那些内在的东西。高中时的小团体可能每周都在变化，但内在的东西可能会伴随其一生。和你的孩子谈谈他们的为人处世，谈谈他们遇到事情时的决策。你可以这样对他们说："你对那种情况的处理方式太棒了，真让我骄傲。有你这样的女儿（或儿子）是我的荣幸。"这样的话可以强化他们的良好行为。

你的鼓励将使你的孩子对生活产生完全不同的看法。你可能认为同龄人很有影响力，但是，家长们，在孩子的人生中，你的影响力可比他们的同伴大多了。

即使你的孩子看起来好像对你说的话置若罔闻，其实他听进去了每一个字。所以一定要多赞美孩子（但要有事实依据，不要凭空捏造）。

你的孩子是独一无二的。让他做真实的自己吧。

应对之策

坚持自我。

摔门

当孩子"砰"地一声用力关上房门时，大多数父母是怎么做的？

父母们往往认为孩子是摔给自己看的。然后他们会生气、恼火，然后开始反击。也许你会说："你马上给我出来，大小姐！"或者"如果你想让我把那扇门拆了，小子，我当然可以做到。别考验我的耐性。"

但怒吼和还击能解决问题吗？威胁要将他们终身禁足管用吗？这些威胁最多只能从他那里听到一句"对不起，妈妈"，但这不过是因为他想过会儿去自己最好的朋友家，对你虚与委蛇而已。但随后呢？他并没有得到任何真正的惩罚，一切照旧。这么说吧，出现这种情况显然是因为存在着某种问题，否则你的孩子也不会摔门了。

> 你最好想出一些有创意的，甚至是幽默的方法来看待同样的老问题，越多越好。

再说一次，你是成年人。所以你最好想出一些有创意的，甚至是幽默的方法来看待同样的老问题，越多越好。没必要让你的家庭生活充满摔门声和无休止的尖叫比赛。但是很多父母的选择是举起双手说："我放弃了。"谨记不要把问题放大。

也许你可以对孩子说："我想回应一下你摔门的行为，但我还不太确定那是什么意思。是不是因为你讨厌我让你做你知道自己应该做的事？还是说你在告诉我我应该滚得远远的？你是不是想说，这个家对你来说就像监狱，你很高兴再过 2 年 3 个月 7 天 21 小时 31 分钟你就可以获得自由？还是说你已经厌倦了住在一个 200 多平方米、有无线网络、提供一日三餐，还有电子设备的房子里？不管你是什么意思，我会在楼下等你，我们最好谈一谈。"

这就是冷静、理智的父母会说的话。你要表达的意思是"你今晚哪儿也不能去。这个问题必须得到解决，因为家人之间的关系是最重要的，其他一切都是次要的"。

在这种情况下，你需要行使作为父母的权力。但要注意与孩子建立平等关系。你们谁也不比谁更优越，只是扮演着不同的角色而已。但摔门这种行为绝对是不可接受的，也没有商量的余地。所以，你应该冷静地把它扼杀在萌芽状态。

应对之策

行使权力。

经验之谈

一年前，我们受够了儿子频频摔门的习惯，我丈夫甚至把门都拆掉了，但这并没有解决孩子的态度问题。他还是和以前一样暴躁无礼。然后我们从广播里听到你说的"在 A 和 B 被解决之前 C 不会发生"，我们才恍然大悟。后来他又在家里发脾气的时候，我们没理他，没有吼回去，也没有去追他。但下一次他提出想去什么地方的时候，我们很干脆地拒绝了。当他对我们大喊大叫时，我们没有让步。你说得对，父母站在统一战线确实有用。那天晚上他只好待在家里。在这种情况接连发生了好几次后，他终于幡然醒悟。我们不再是从前那样懦弱的人了，我们没有退缩。现在我们的孩子已经洗心革面了，当他想让我们开车送他去什么地方时，会礼貌地提出请求。

　　　　　　　　　　　　　　　　　　　　　　　　　　卡琳，伊利诺伊州

驾驶特权

　　你的孩子准备什么时候开车，你又该如何帮助他做好准备呢？当然要查看你所在州的法律，了解可以学车和领驾照的具体年龄。大多数州的学校都专门设有驾驶课程，但如果你的孩子上的是私立学校，那就很可能没有这门课。但还有件事你得先考虑一下。你的孩子准备好开车了吗？他有足够的责任感吗？他平时帮忙做家务吗？他尊重他人吗？他细心体贴吗？还是做事糊里糊涂、多嘴多舌、不尊重权威？在孩子刚满 15 岁或 16 岁时，开车不是一项应有的权利。这是给那些足够负责任的人的特权。你真的想让一个不负责任的人开车上路吗，即使他可能会因为不小心而撞到你或其他人？

　　因此，在你同意让你的儿子或女儿获得学车许可和驾照之前，请仔细考虑清楚。你的孩子已经成熟到足以承担驾驶责任了吗？他了解开车的基本规则吗（在路上不发信息、不打电话等）？如果没有，那就等到你的孩子变得更成熟后再说吧，即使他的朋友们都拿到驾照了。当这种情况发生时，你可能会惊讶地发现，孩子在家里突然变得开始尊重你了，也成熟多了。他甚至会在家里抢着干活。

两秒后，我从车里出来，高举双手，围着我们的货车跳起了祈雨舞。

我的 5 个孩子中有 4 个都是我教会开车的。我永远不会忘记大女儿霍莉开车时发生的一件事。当时我坐在副驾驶座位，桑德坐在后座。当我们接近十字路口时，由于霍莉太专注于开车了，没有注意到红灯。桑德立刻倒吸了一口凉气，这也把霍莉吓了一跳，于是她立刻猛踩刹车。她实在是太惊慌了，脚从刹车上滑了下来，我们的车又往前窜了好几米。这次换我声嘶力竭连名带姓地喊她："霍莉·克里斯汀·莱曼！"她又吓了一跳，结果又一次踩滑了。我们朝十字路口又开了十多米。

两秒后，我从车里出来，高举双手，围着我们的货车跳起了祈雨舞，我相信这让路上的人好好看了回热闹。如果他们当中有教孩子开车的父亲，肯定会点头表示同情的。是啊，我当时正值盛年。你看，即使是心理学家，有时也会因各种原因在家人面前失控。

现在你明白为什么我觉得受够了，不想再教第 5 个孩子开车了吧？当然，之所以不教劳伦，我的年龄也是一个因素。我对桑德说："嘿，我已经这样做过 4 次教练了，我不确定我的心脏是否还能再撑一轮。"

所以，为了证明人真的会随着年龄的增长而变得更聪明，我们拨通了驾校的电话。

这是一次很棒的经历。我知道这个决定是对的，因为后来当劳伦坐我的车时会提醒我："哎呀，爸爸，你压线了。"劳伦有一种了不起的能力，她能把实话说得特别动听。送她去驾校的收获真是意外之喜。教她的老师很好，劳伦很爱她。她们会开车在城里到处转，也会去高速公路上行驶，每次一开就好几个小时，劳伦甚至学会了如何平行停车。支付 300 美元的学车费是我做过的最好的投资。

应对之策

花钱省心。

酒精

青少年喝酒的行为极有可能长期持续下去。

有生存智慧的父母是不会把头埋在沙子里，只抱怨时代不同、人心不古的。相反，他们会理性客观地认识到酒精随处可见的事实，而且自己的孩子极有可能很快就会被怂恿着去尝试（如果他们还没有尝试过的话）。

> 酒精造成了巨大的生命损失，那为什么它在社会上还如此受欢迎呢？

酒精会给你的孩子和其他人带来巨大的危险，让他们付出巨大的代价。如果你不相信我，你可以打电话给你的保险经纪人。他不仅会把这个事实详细解释给你听，而且会告诉你把 15 岁的孩子加到家庭汽车保险受益人的名单中要花多少钱。如果你把车放在 18 岁孩子的名下，你的保费立刻就会高涨。酒后驾车的人，无论是成年人还是未成年人，都要走一遍法律程序并找一位律师，而你至少要为此支付 1 万美元。因酒精造成的生命损失是巨大的。

既然如此，为什么酒精在社会生活中还这么受欢迎呢？

酗酒的孩子通常不缺一样东西——钱。

也许是因为在我们生活的现实社会中，很多父母自己就又抽烟又喝酒。一位朋友告诉我，有一次她去参加一个孩子的生日派对，看到两位妈妈在车库的角落边抽烟边聊天。很多父母认为在家里给未成年的孩子提供酒精饮料是可以的，因为他们自己也会喝酒，而且还有一个装满酒的橱柜就摆在那呢。

酗酒的孩子通常不缺一样东西——钱。

玛丽安出生在一个富有的家庭，父母都事业有成，有着举足轻重的社会地位。在过往 11 年的人生中，她每天回到家面对的都是空荡荡的房间。有一天，她为了安慰自己，从酒柜里拿了一瓶酒。一两杯伏特加下肚后，她就不再感到孤独了。就这样，她的酒瘾越来越大，为了不让父母知道她在酗酒，她把喝空的酒瓶灌满水又放回原处。

直到两年后，她去参加一个派对深夜未归，父母急得像发了疯一样到处打电话找她。半夜她才回到家，满脸瘀青、衣衫凌乱，一副醉醺醺的样子。在此之前，她的父母完全被蒙在鼓里，不知道她在喝酒，更不知道她已经喝了两年的酒，而且喝的就是他们自己放在酒柜里的酒。

8 周后，她的父母再次受到了一记重创。13 岁的玛丽安怀孕了，原因是她在聚会上喝醉后被强奸了，她甚至不记得是谁强奸了她。7 个月后，当这对父母看着啜泣的女儿在新生儿领养文件上签字时，他们的悔恨之情难以言表。

酗酒的诱惑总是围绕着青少年。这是父母无法改变的事实，你不能为了让他与这些东西隔绝而用气泡膜把他包围起来，也不能每时每刻都在他身边。那么你打算怎么做才能让你的孩子远离酒精呢？眼下你能在家里做点什么来确保你的孩子不会酗酒或做任何违法的事情？

你的孩子抵制酒精诱惑的能力，与你给予他的支持、鼓励和教导息息相关。以我的孩子为例，如果有人怂恿他们尝试酒精，他们会按照父母的教导简单地回应："我们莱曼家的人不碰这个。"然后转身走开。

当一个孩子因为身为你的家庭成员而感觉自己很强大，知道这个家有一个安全、稳固的位置属于他时，他就可以对那些能让他产生虚假的"感觉良好"或引诱他加入不良群体的邀请说"不"。他已经是一个群体（他的家庭）的一员了，他对此感觉很好。

如果你作为父母在孩子成长过程中做得很好，你的孩子就有很大的可能不酗酒。但如果你做过了头，要不就是过于强调规矩，试图强迫孩子成为你想让他成为的人；要不就是过于宽容，允许他做任何他想做的事而不承担任何后果，都可能导致他变得叛逆。

在我家的 5 个孩子还小的时候，每次看到事故现场的情景时，我都会摇着头说："酒精！"声音大得足以让他们听到。后来，当孩子们看到事故现场时，就会跑来问我："爸爸，你觉得这是因为酒精吗？"尽早给孩子灌输酗酒会导致可怕后果的观念，确实会给他们留下深刻的印象。我的 4 个孩子已经离巢了，他们每个人都告诉我："爸爸，我从来没有酗酒，尽管有人问我要不要试试。因为我不需要用酗酒来让自己显得很酷。"

那我是在扮演一刻也不放松警惕的看门狗的角色吗？不，因为你不能每时每刻都盯着你的孩子。这是不可能的。相反，我尊重我的孩子们。他们知道莱曼家的人不酗酒。他们知道酗酒带来的后果有多严重（而且他们经常告诫自己的朋友）。他们知道，饮酒在这个家是不被认可的。

与此形成鲜明对比的是，有些父母认为出去租几个汽车旅馆房间是件很"酷"的事，这样他们的孩子就可以在毕业舞会之夜在那里"安全地"聚会。恕我直言，和这些父母比起来，电影《阿呆与阿瓜》（*Dumb and Dumber*）里的金·凯瑞（Jim Carrey）聪明得像个天体物理学家。

如果你在读本书的时候说："莱曼博士，很多内容都是常识。"谢谢你注意到了这一点。本书讲的确实都是常识，但今天很多人缺乏的正是常识。可悲的是，这往往是因为青少年父母的态度、行为和品格有问题。猜猜孩子们是和谁学的？你如果有时间去参加一场孩子的运动会，就会惊讶地发现一些家长的行为有多离谱。他们真的只能用"出乖露丑"来形容。但球场上的孩子们都很好。事实上，他们会因为父母的诡异行为在那里尴尬地翻白眼。

所以，在你开始对孩子进行关于酒精的教育之前，先好好照照镜子。你怎么做，他们就会怎么做。

现在，如果你发现自己的孩子对一些物质成瘾，你该怎么办？首先问问自己："我会让酗酒的人开我的车吗？"

我肯定是不会的。

家长们，牌在你手里，随手一张都是王牌。

记住，家长们，牌在你手里，随手一张都是王牌。如果你的孩子犯了错，偏离了你希望他走的路，你就要站出来挥舞手中的王牌，告诉他"这在我们家是行不通的"。如果你放任不管，等孩子到了十八九岁，离开了这个家，他就会为所欲为。到时候无论你说什么、做什么都改变不了那个孩子

了。但当他住在你家时，他就得遵守你的规矩。如果他不遵守这些规矩，他就会失去作为家庭成员才有的特权（包括零用钱、日常购物和开车）。记住，酒可不便宜。它们要花很多钱，你的孩子在很长一段时间里只能从他的朋友那里获得资助。那么钱从哪里来呢？如果它的来源是你，你应该立刻从源头切断。

如果你的孩子正在酗酒，那你就要准备和他摊牌。你可以说："我知道你在喝酒。你需要帮助，作为你的父母，我会竭尽全力保证你得到需要的帮助。这就是接下来我们要做的事。"态度要坚决，不要和他开战，只需要陈述事实。

一位父亲最近告诉我，他这辈子做过的最艰难的事情就是一年前把儿子送进戒酒所，但他知道这是正确的做法。当时他的儿子大声痛骂他，说恨他。但现在他们父子的关系很好，每星期一起打两次壁球，并约定每星期五晚上一起看电影。那些电影之夜让他的儿子远离了以前的同伴。就在上周，这位父亲热泪盈眶地告诉我："昨天，肖恩对我说了一些话，我一辈子都不会忘。他说：'爸爸，你知道我从来没有真正恨过你。是我自己做得一团糟。'"

家长们，请挺身而出。如果你的孩子酗酒，那就给他提供必要的帮助。在家里尽你所能教给你的孩子有关酒精及其影响的知识。

酒精以及其他令人成瘾的东西都不是像鼹鼠丘一般无关痛痒的小事，它们是值得你付出大量时间和精力的大事。这些事情会让一个孩子崩溃，会摧毁他们去思考和推理的动力和能力。在这关键的青春岁月里，酗酒确实是很严峻的挑战。明智的父母会一直密切关注孩子酗酒的迹象。生活中没有什么是可以打包票的，但请尽量把孩子往好的方面想，对他们怀揣最好的期望，尽量把他们往好了说，这会给他们带来深远的影响，并且在今后的人生中，不管是在哪个方面，他们都会尽量让自己表现得恰当得体。

应对之策

以身作则。

翻白眼

孩子们肯定会在某个时刻翻白眼，但这没什么大不了。

我一般会幽默地说："哇，停一下。你能再来一次吗？动作放慢一点，别那么快。我想让你妈妈也看看。知道吗，你翻白眼的时候比不翻白眼的时候好看多了。我认为你应该勤加练习这项技能。"

这时候孩子会忍不住笑出来。

翻白眼是青少年成长的一部分。

希望他们 30 岁的时候能停止这么做。

应对之策

见怪不怪。

社交软件

作为一名心理学专家和写作者，我有点特立独行。我有自己的 Facebook

账号。我知道很多人是雇人管理自己的 Facebook 账号的。我很享受家长们随时冒出来向我抛出一个棘手的问题并限时作答，我喜欢帮助各位家长改变他们的子女的生活或他们的家庭生活。到今天为止，我已经有了大约 1 万名粉丝，我喜欢这种可以和粉丝实时互动的社交软件，也喜欢把它作为一个教学工具来为一些夫妻和家长服务。另外，我的天性也让我非常乐于参加一些娱乐活动，因为我在 Facebook 上为所有人创造了乐趣，包括我自己！

　　家长们对 Facebook 这样的社交软件的看法比较负面。有些家长觉得，如果他们的孩子使用 Facebook，就会被不安好心的人盯上，甚至会被绑架，以致孩子的一辈子就被毁了。但是，就像其他任何事物一样，我们需要让常识占上风。如果你的孩子有 Facebook 账号，告诫他们不要把个人信息泄露给陌生人（也就是那些他们本人不了解也没有接触过的人），不要将任何他们不认识的人加为"好友"。如果能做到这些，那么像 Facebook 这样的社交软件就相当无害了。对你的孩子来说，和朋友们在 Facebook 上互动是一项有趣的活动（如果家庭经济状况不好，这可能也会为你省下一大笔话费）。

要叮嘱孩子不要随便在 Facebook 上加"好友"。

　　不过，你要叮嘱孩子不要随便在 Facebook 上加"好友"。所以，在你的孩子使用 Facebook 时，一定要和他们商定安全使用的指导方针（注意我并没有说"下达一些指导方针"）。他们不应该主动将陌生人加为好友，即使是朋友的朋友，只要不认识就不要加。例如，如果你的女儿收到了一个加好友的请求，这个请求来自另一个州的朋友的朋友，但你无法确定这个人是不是真的是你女儿的朋友的朋友。所以，你需要教导你的孩子如何变得更世故精明。她应该拒绝任何一个她自己不认识的人加好友的请求。

显然，Facebook 和其他社交软件会被越来越多的人接受和使用。孩子们喜欢酷炫的新玩意儿。我们生活在一个充斥着高科技的世界。想象一下 25 年后会是什么样子！

关键是要拿捏分寸，求得平衡。不管是谁，如果每天花 6 个小时使用 Facebook，那就需要回归现实生活，找点其他事情做，并掌握一定的常识。

应对之策

与时俱进。

经验之谈

我对科技一窍不通，甚至到现在都没弄清楚怎么在计算机上支付账单（是的，我知道这很可悲）。所以当我哥哥给我儿子买了一部智能手机作为生日礼物时，我真的吓坏了。网上那些乱七八糟的事情和我听说的各种危险让我紧张不已。我不想让我 14 岁的儿子有 Facebook 账号，而且我不想让他在网上浏览图片。

后来我听到你说科技正被如何广泛使用，以及我们当家长的要如何让自己变得更开明，要增加对科技的了解。于是我让我的儿子向我演示了一下它是如何工作的。他觉得他的"老"母亲有这样的求知欲望并会求助于他这件事很酷。现在我儿子会给我看他在网上发现的东西，甚至会和我分享他朋友发来的有趣信息。我所担心的科技实际上给我们带来了更多可以谈论的东西。

凯琳，明尼阿波利斯

说脏话

在很多青少年的圈子里，说脏话是一种很酷的行为。所以很多青少年说话的时候句句不离脏话。许多人的嘴里都会脱口而出一些露骨、粗俗和下流的话。

我希望你不会天真到认为只有男孩才会说脏话，因为可能在某一天，你发现女孩会像任何男孩一样说出让你恶心的话。即使内心明知不对，青少年也会因为同龄人的压力而说脏话。在初中和高中这关键的几年，青少年想要和其他人一样并融入群体的动力是极其强烈的。所以，当你无意发现自己的孩子使用粗俗的语言时，不要感到惊讶。

你可以直接对他们说："宝贝，你就是这样说话的吗？我得告诉你，这让我很惊讶。事实上，你吓到我了，没想到你居然会这么说。"

> 孩子们不喜欢爸爸妈妈对他们的行为不满。

你真正想表达的是什么呢？其实是"我没想到你是这样的人。我对你这样的行为不满意，也不理解。"你这是在谴责孩子（而且是理所应当的）。许多父母不愿直言不讳地告诉孩子他们的感受。这就是为什么那么多孩子虽然满口脏话，却能表现得若无其事。

当你发现自己的孩子说脏话时，不必贬低他。你也不必说："嘿，你这个一无是处的家伙，你怎么敢这么说话！你给我把它咽回去！"你只需要表现出你的失望就够了。

关键在于，孩子们不喜欢爸爸妈妈对他们的行为不满。他们会感到惭愧和不自在，由此他们就会明白应该改变自己的行为。这种不自在会带来改变。

你能阻止脏话从孩子的嘴里冒出来吗？事实是，孩子们会用他们自己的方式说话。但别忘了，你就像一个拿着棍子的牧羊人。你要把羊群往一个特定的方向赶，但你不必用棍子敲它们的头，不用把它们打得遍体鳞伤。

一句简单的"我对你刚才说的话很失望"比任何说教都有用。

应对之策

爱之深，责之切。

禁足

深感愤怒和失望的母亲或父亲宣布："好了，小子，你被禁足了！"但这到底是什么意思呢？这是否意味着，当你们全家被邀请在周末去奶奶家吃炖肉时，那个被冷落的 16 岁男孩就不能和你一起去了，因为他被禁足了？

在本书里，就是这个意思。如果你要因为一个孩子违规而禁足他，就禁足 24 小时。如果是严重违规，就禁足 48 小时。这对一个孩子来说太漫长了。但禁足意味着他哪儿也去不了。也就是说他不能去奶奶家吃饭，不能去听已经买好票的音乐会，也不能去参加社团活动。

我对禁足并不热衷，但如果你要用禁足来管教孩子，就不要像大多数父母那样，用一种我称之为"选择性禁足"的方法，换句话说，只让孩子们去不了他们想去的地方。如果你打算采取禁足措施，那就把它发挥到极致，让你的孩子哪儿也去不了，包括学校。如果违规行为发生在周末，那孩子星期一就不能去上学，而必须待在家里。你要相信你的孩子完全有能力给学校打电话，让老师布置一些作业并在家里完成。如果你必须出门工作，让孩子待在家可能会带来各种各样的问题，那你一开始就不要考虑禁足。但如果你要禁足，就设定一个特定的时间段并坚持到最后。

如果你的儿子准备在星期日早上和你一起出门去教堂，你可以转过身问他："儿子，你要去哪里？"

"我要去教堂，"他说。

"不，你被禁足了。你哪儿也去不了。"

他可能会假装毫不在乎地说："好吧！"但是当你们都出门而他不能时，他就会感受到你"这一击"的厉害了，尤其是当他不能和你们一起去他最喜欢的餐厅时。所以让他知道自己在受罚。

与之形成对比的是荒谬的"暂时隔离"，大多数父母在孩子闯祸时都会说："回你的房间去！"

别忘了，大部分孩子的房间里都有各种各样的电子设备，所以他有什么理由不想回自己的房间呢？待在房间里有什么难的呢？孩子很可能会想："太好了，可以整晚都没人来烦我了。"

所以如果你要禁足你的孩子，不要在气头上说出"你这辈子都被禁足了"这样的话。这太可笑了，因为你不可能坚持到底，你的孩子也知道这一点。他对你了如指掌。

相反，彻彻底底地禁足 24 小时，保证他哪儿也去不了，才会让他长记性。

应对之策

物尽其用。

经验之谈

我对禁足有了一种全新的看法！在发现儿子亚当再次酗酒并把他禁足后，我们采纳了你的建议。整整两天，他哪儿也没去，没去上学，没去参加篮球训练或比赛。同时他失去了电子设备的使用权，他完全无法与朋友们联系。到了星期六晚上，他已经完全打不起精神了。星期日早上，当我们把他的手机还给他时，他温顺地说了句"谢谢"，就这样结束了。

一周后，经常和他一起出去玩的人被抓到在学校喝酒，被停学了。

但是猜猜亚当在哪里？在家里，而且他是心甘情愿地和我一起待在厨房里的。你是对的。

这就是严厉的爱，非常管用。

南希，科罗拉多州

内疚

家长们，不要再动不动就内疚了。你知道吗，大多数父母之所以做出了一些糟糕的决定，罪魁祸首就是因为他们心存内疚。

我们很多人在生活中充满了负罪感，而孩子们真的很擅长增加父母的负罪感。母亲尤其容易陷入这个陷阱。只要孩子露出可怜巴巴的眼神说："可是，妈妈……""塌方"就开始了。

但是让我们回顾一下前面提到的"目的性行为"。你的孩子知道你的软肋，他知道怎么和你说话最管用。如果上次成功了，那么他肯定还会再来一次。他又不笨。

> 做决定可以很容易。

但你也不笨啊。做决定可以很容易。但是，当其他人都对孩子说"是"，或者当其他孩子都在做你不希望自己孩子做的事情的时候，你要对他说"不"可没那么容易。你真的希望你的孩子和其他孩子一样吗？你的答案肯定是否定的。最好的决定往往是最难以做出的，但你必须做出对孩子和家庭都正确的决定。

如果因为你没有顺着孩子的心意，导致他们感到失望、愤怒，不要为此心存内疚，虽然你会听到孩子说："坏人，爸爸妈妈是坏人！"

不要让自己"内疚"，也不要对自己说"应该"。要明智、务实、平衡。

内疚只会导致屈服，然后迫使你为屈服找借口。而借口只会让弱者变得更软弱。

所以振作起来吧。做正确的事。如果你这样做了，你和你的孩子每次都是赢家。

应对之策

少点内疚。

发型和仪容

当提到"发型"时，大多数父母首先想到的可能是女孩。发型和仪容对女性来说尤为重要，而且对小女孩来说也是如此。小男孩不会在头上戴着蝴蝶结走来走去，但小女孩会，她们有时会一天换好几次蝴蝶结，就为了搭配不同的服装。而男孩呢？如果他们的母亲能设法把正在后院折磨蚂蚁的他们拖出来，让他们乖乖地坐好，在他们按捺不住又要跑回去之前，她也许能让梳子在他们头上匆忙地刮两下。大多数男孩不关心发型、仪容和卫生。但后来奇迹出现了，当男孩开始注意到异性时，一切都改变了。可能他们花在镜子前的时间几乎和女孩一样多，会一丝不苟地检查自己的容貌、发型，等等。

在青春期到来后，孩子的脸上出现了青春痘，他们心目中对"完美"的定义是指被很多人喜欢。这个时候你要成为孩子的啦啦队队长。当然，不是让你闭着眼胡乱吹捧，而是让你表现出对孩子的世界很感兴趣，用心去呵护孩子的心灵。

这意味着作为父母，你要放慢节奏，仔细观察你的孩子，比如情绪、喜欢谈论的事物等。从长远来看，这些远比他的穿着或外表重要得多。

服装和发型的流行趋势每年都在变化。在如今的大学篮球比赛中，运动员穿的短裤又长又大。有时你会忍不住怀疑它们会不会在动作进行到一半时掉落，从而给整场比赛制造一个最大的记忆点。回顾 20 年前的职业篮球比赛，你会觉得孩子们穿着超短裤打球很奇怪。但相信我，不久的将来我们又会回到那种状态的。20 年后，你的孩子会嘲笑自己在高中时穿了那么宽松的短裤。

所以，时尚风格经常变，但内在的东西（对事物的看法、为人处世的方式）是不变的。不要因为孩子在穿搭、发型或卫生习惯的问题上与你相悖而与他心生隔阂。

你几乎不会因为哪个女孩身上有异味而让她去洗澡。很多女孩一天要洗两次澡，换好几套衣服。但你可能会对她选择的发型目瞪口呆。但我想问问大家，如果你 10 岁的女儿留了整整一年的刘海，长到让你没法看到她的眼球，这真的有什么要紧的吗？当她最终厌倦了要透过刘海才能看到外面的世界时，她会把刘海剪掉的。

没人想和一个闻起来像臭袜子的孩子待在一起。

那些还没有注意到异性的男孩（有些即使注意到了也对女孩的吸引力一无所知）可能需要一些帮助。没人想和一个闻起来像臭袜子的孩子待在一起。如果他看起来像在 21 世纪只梳过一次头发，是不会有女孩青睐的。所以，如果你有一个儿子，他对水深恶痛绝，你不逼他他就可以一个月不洗澡，甚至连脸都不洗，你仍然要做一个尽职的家长。你知道良好的卫生习惯很重要。洗脸可能会减少他的青春痘，这是他会在意的；洗澡可能会让他在有可能成为朋友的同学面前更有魅力。所以这时你要拿出家长的权威，制止他不讲卫生的行为，告诉他"你需要洗澡了"。而在洗完澡之前，他什么也别想干了。

妈妈们通常比我们这些当爸爸的嗅觉更灵敏一些，所以你们通常是那个因为洗澡问题给孩子亮黄牌的人。祝你们好运。

但即使你不得不亮黄牌，有时候也要学会睁一只眼闭一只眼。生活中没有什么是完美的。保持外表的干净整洁固然是好的，但什么都比不上内心的虔诚。所以，从长远来看，把注意力集中在最重要的事情上——你们彼此之间的关系——让小事过去吧。

与此同时，你可以把自己十几岁时的照片拿出来娱乐一下。他们会乐不可支的，还会七嘴八舌地表达自己的看法。

也许忽然间，你女儿的刘海看起来也没那么糟糕了。

应 对 之 策

不拘小节。

作业之战

学校在每个季度都会把我小女儿的成绩单发到我的邮箱里。我理解为什么学校觉得必须把她的成绩单发给我。但事实是，那是劳伦的成绩。这是她的家庭作业的评分，而不是我的。

我不记得有哪个孩子问过我："爸爸，你能帮我做作业吗？"他们倒是为了做一个项目要求过我去商店买一些海报板和其他类似的东西。但事实是，家庭作业是他们的事。我已经完成了我的学业。

到底是谁的家庭作业？

下面这一幕在很多家庭中都发生过：

一家人刚吃完晚饭，作业大战就开始了。一直持续到晚上 11 点还没完成，而在正常情况下，13 岁的孩子在两个小时前就应该上床了。妈妈伤心落泪，孩子摔门而去，爸爸大声咆哮："你就是这么跟你妈妈说话的吗？"

容我冒昧地问一句：到底是谁的家庭作业？

"唉，我只是想帮帮忙，"你说，"毕竟，我获得了一个教育学学位，而且我的数学成绩不错。"

但这不是你的任务，也不是你该完成的工作。这是你孩子的作业。

请容我再冒昧地问一句：你为什么要干涉你孩子的家庭作业？

是因为你认为孩子必须得到全 A 才能成功吗？还是因为你需要让别人拍着你的肩膀告诉你你的孩子有多聪明，从中得到一些心理上的快乐？但如果你的孩子很普通呢？每个人都有自己的好恶，有自己的长处和短板。所以，如果你过度介入孩子的家庭作业，最好问问自己为什么要这样做。你觉得他自己做不到吗？你怕他失败吗？你在追求完美吗？

家长们，你需要退出来，让你的孩子独立完成。

那么，你可以在哪些方面提供帮助呢？

- 设定一段明确的时间，要求孩子在这期间必须写作业（例如，晚上 6 点到晚上 8 点），并创造一个没有其他干扰的空间，让他们可以集中精力。

- 帮助做事没有条理的孩子学习如何为要做的事情安排优先顺序。在现有的教学制度下，你通常可以通过计算机找到孩子的作业有哪些。

- 如果看到孩子在完成作业方面有困难，可以向老师咨询。

你只要看看孩子上一学年的情况，就能很好地预测下一学年大概是什么样的。你很可能会经历和上一学年同样的麻烦，不过现在麻烦变得更大了。记住，让你的孩子得到一些必要的帮助，但你要置身事外！比如，请一位家庭教师帮助你的孩子，比如一名大学生，甚至是一个聪明的高中生，让他定期到你家来帮助孩子学习。

不要让写家庭作业成为一种权力斗争。不要任由孩子把你卷入完全不必要的作业之争。

不要让孩子熬夜写作业。当青少年睡不好觉的时候，第二天他们会对所有人（包括你）发脾气。所以帮你自己和家里的每个人一个忙吧。设定作业时间，坚持在这段时间内尽可能多地完成作业，然后宣布该上床睡觉了，这样做是为了大家好。

对家庭的责任永远是第一优先项，其次是学业，之后才是其他事情，比如兼职工作、音乐、运动以及社交。所以 A（家庭）在 B（作业）之前，然后是 C（其他活动，如果有多余的时间的话）。如果你的儿子不能轻松完成他的家庭作业，那就要减少户外活动，这样他才可以专心学习。

你熬过了初中，又熬过了高中，现在孩子们终于毕业了，轮到他们尝试独立生活了。随他们去吧。

应 对 之 策

置身事外。

激素变化

用我亲爱的妻子桑德的话说，女孩"最糟糕"的年龄是 10~11 岁。心理学家称之为"青春期早期"。如今，女孩的月经周期开始得比过去的几代人都要早。尽管激素对男孩和女孩都有影响，但对年轻女性的影响似乎更明显。激素影响着他们这些年的大部分行为。激素的变化导致情绪快速波动，导致他们经常脱口而出类似"你从来不让我……"或者"你总是……"这样极端的用词。激素分泌旺盛引发了青少年的极端行为。

在这段关键的岁月里，你的孩子的性格就像南加利福尼亚州地震时的地震记录一样。

在这段关键的岁月里，你的孩子的性格就像南加利福尼亚州地震时的地震记录一样。他们不能稳定地控制自己的情绪，这意味着当他们卷入一场战斗时，无论对手是同龄人还是父母，总要有人进行协调。"行了！所有人都靠边站。我们先休息一下，等大家都冷静下来后再回来。然后，不管是什么问题引发了这场家庭混战，我们都会解决的。"

当你们再次见面时，请理智地交谈。让每个人都有机会不被打断地发言，给彼此一个机会澄清自己所说的话，这样就不会有误解。给每个人的轮胎放一点气，这样有助于防止轻微刺激就导致严重爆胎。这也是一个很好的教育机会，你需要让你的孩子知道，最好的决定是在每个人都保持冷静、没有剧烈情绪起伏的状态下做出的。

特别要对女孩说的话

月经周期会让女孩陷入各种各样的麻烦当中，她们变得易怒、无措、疼痛、难受、过度情绪化。母亲最明智的做法就是让女儿在很小的时候就为月经来潮做好准备（因为女孩可能在 9 岁或 10 岁就会经历月经初潮），这样初潮到来时小女孩就不会不知所措或受到惊吓。如果母亲让女儿知道这一阶段是正常生活的一部分，是成为成年女性必不可少的一步，就像胸部、阴毛、腋毛和腿毛的生长与发育一样，你的女儿就会做好充分的准备。但不要只让她为身体的变化做好准备，还要告诉她在这个周期中她会经历的情绪变化。有些女孩被严重的经前症候群困扰，感觉自己身体浮肿、心情抑郁。还有一些女孩则完全不受影响。如果你看到你的女儿受这些症状折磨，你可以和当地的药剂师或医生谈谈。

还有很重要的一点是，让你的女儿明白她可以和你倾诉任何情绪，当然，她是受尊重的，因此她不用担心被你评判。女孩不断变化的激素水平也在为她对男孩的兴趣（或多或少）和做母亲做准备。你 12 岁的女儿以前从不多看婴儿一眼，现在却觉得他们很"可爱"。这种变化是为约会、结婚和生育而做的自然准备。如果女孩知道会发生什么，能和母亲谈论这些情感变化，还能理解她的父亲，那么她们的成长过程就不会那么紧张。

特别要对男孩说的话

相信我，这个世界上没有哪个男人没做过春梦。对那些不了解情况的人来说，春梦是指一个小孩在睡眠中经历高潮。对于那些正在说"这是怎么回事？我儿子才不会有这种东西！"的女士，你可以把你丈夫拉到一边，问他是否做过春梦。他可能会和你分享这些梦，不过这要取决于他是否足够愚蠢或足够勇敢。

明智的做法是让你的孩子做好心理准备，即使他们只有 11 岁，也要让他们知道将来会发生什么以及为什么会发生。你可以这样说："有一天你醒来后可能会发现内裤上有精液，有些疯狂的想法，心跳加速，你会很震惊，想知道刚刚发生了什么。你可能会想找根火柴烧掉你的内裤。但是不要浪费一条上好的内裤，你只需要把它扔进洗衣机就行了。梦遗没什么大不了的，是正常的事情。女孩们会出现月经，男孩会梦遗。"

然后，当你儿子第一次做春梦时，他就会想起你说的话，然后心想："爸爸妈妈并没有我想的那么糊涂。我记得他们告诉过我这回事。"即使你认为自己 11 岁的儿子是世界上最可爱的男孩，总有一天他会认为（哪怕是短暂的）你是一个彻头彻尾的白痴，就因为他是一个青少年，而且他觉得自己什么都懂。

不管什么事情，做好准备是关键。无论你有儿子还是女儿，你都需要告诉他／她：

十几岁的时候会发生很多你无法预料的事情。你可能会想"我永远不会和父母谈论这些事情"，所以让我直截了当地告诉你，不管你在想什么，如果你能和我谈谈，我会觉得这是一种荣幸。在接下来的几年里，无论你想到了什么，你可以随时和我分享。你会在学校遇到刻薄的孩子，他们会鄙视你。你会觉得自己格格不入，觉得好像没人在乎你。但你要知道我在乎你，在乎你的一切。如果你遇到了不该出现也不希望出现的情况，给我打电话。我来接你，我不会问任何问题。

我无法为你的人生负责。我不会掌控你的人生。这是你的事。但我想让你知道，我相信你能在生活中做出正确的决定。想让自己更"酷"的诱惑永远存在。其他孩子会说："加入我们吧，来喝酒、吸烟。"但我相信你的内心足够强大，你能坚定自己的立场。我为你感到骄傲。

让你的孩子为青春期正常的激素水平变化做好准备，期待他们最好的一面，拥有健康的幽默感，这些都是和处于青春期的孩子生活在一起的必要条件。

应对之策

顺其自然。

拥抱

我很久以前就明白了一件事。在成年人中，有喜欢拥抱的人，也有不喜欢拥抱的人。你曾经拥抱过一个身体像木板一样又硬又直的人吗？显然，拥抱不是他们经常做的行为，也不是让他们感到舒服的行为。同样，你会发现有些青少年喜欢拥抱，他们喜欢在公共场合表达爱意。看到一个会在一群同龄人面前拥抱母亲的年轻人真是太好了。事实上，这很酷。好吧，妈妈们，这其中有一部分功劳要归于你，因为这和你是什么样的人有关，但更多的是和你儿子是什么样的人有关。

还有一些青少年更喜欢和别人保持距离。他们可能还希望你走在他们后面，和他们拉开至少 5 步的距离。他们当然更不希望你在他们的朋友面前拥抱或亲吻他们。有些孩子甚至会说："嘿，让我在这里下车。"

"在这里？"你迷惑不解，"但我们离学校还有一个街区远呢。"

"没关系。让我下车就行了。"

不要认为孩子是在针对你。

你儿子到底在说什么？他会说："对不起，妈妈，但我不想被人看到我和你在一起，我也不想冒险让你对我说'再见，亲爱的，祝你今天愉快'，然后在我的朋友面前给我一个飞吻。这太尴尬了。"

别往心里去。你的孩子正在摸索自己的活法，走出一条属于自己的道路。

如果你有不只一个处于青春期的孩子，记住他们是不同的。你的大儿子可能热情得连一棵树都会抱一抱，只要你给他机会。如果大儿子是这样的人，那我猜你的二儿子就喜欢与人保持距离。反过来，如果你的第一个孩子含蓄内敛，不爱说话，那你的第二个孩子就会热情洋溢。你只需要认可与尊重孩子之间存在的差异即可。

应对之策

<u>尊重差异。</u>

经验之谈

　　我的天，我太想和你说说拥抱我十几岁儿子的事了。我喜欢拥抱，但我儿子不喜欢。我不知道我试图在公共场合拥抱他会让他多么尴尬。当他不想让我拥抱他，也不希望我在他的学校活动中逗留时，我觉得他在针对我。现在我知道这只是他成长过程和走向独立的一部分。谢谢你帮我认识到这些，我儿子也向你道谢。

丹尼斯，佛罗里达州

上网

　　回到 5 年前，你可能发现像我这样的心理学专家会建议家长把计算机放在家里的公共区域。你会听到专家们说这样的话："不要让孩子的卧室有计算机。一定要对孩子玩计算机的情况了如指掌，要保证你能在任何时候路过并看到屏幕。"

　　今天我要告诉父母们，这可能是你们最不用操心的事。如果青少年愿意，他们可以用手机和计算机上网一整天。你不可能知道他们访问的每个网站。是的，计算机上有浏览历史，你也可以时不时看看你的孩子每隔一段时间在干什么。但现在许多家庭都不只有一台计算机，孩子们有多种上网渠道，包括多台计算机和手机。

是你为孩子付出的努力得到回报的时候了。

家长们，是你为孩子付出的努力得到回报的时候了。是的，你可以向你的孩子提出一些指导方针，比如，不要在互联网上向陌生人泄露个人信息或家庭信息，你早就很明智地这么做了。但你最好抱着积极的期望，相信你的孩子会利用互联网做正确的事，这比任何规则都更有意义。比起说教，以一种合理、公正的方式向孩子灌输你的家庭价值观，并且以身作则地在孩子面前践行这些价值观，可能更容易让孩子接受。

我想在这里简单讨论一下游戏（和一群人在网络上玩的游戏）。我自己对这方面的了解不多，因为我不玩网络游戏，我们的 5 个孩子也都不喜欢玩游戏。但我们的一个好朋友很喜欢。每星期五晚上，他都会和十几岁的女儿还有一群志同道合的人在网上玩 2 个小时。这是他们的"父女时光"，他们和其他 10 位朋友在一个受到严格监控的网站上玩耍，在那里，一群人已经就具体的游戏规则、可用和不可用的语言类型、可接受和不可接受的评论和行为达成了一致。如果有人越界，就将被禁止再次加入游戏。

许多精通互联网而且喜欢游戏互动世界的青少年都被游戏所吸引。在很多孩子眼中，这是一个充满刺激的世界，可能也是一个纷繁复杂、需要投入大量时间与精力的世界。和很多事情一样，如果游戏是在"安全的场地"进行的，有严密的监督机制，违规者会被踢出局，那这将是一段有趣、放松的时光（尤其是对那些在学校不合群、很难交到朋友的孩子来说）。但是，任何事情都是"过犹不及"的。每周玩一两次，获得几个小时的放松时光是件好事，但如果过分沉溺于游戏世界就不好了。这样的沉迷会在孩子和家人、朋友之间制造感情上的裂痕，让孩子在心理上依赖虚拟世界。

互联网的使用越来越普及了。你需要教育你的孩子在这方面保持理智，鼓励他们在所有事情上保持平衡，同时你要认识到，你不能控制他们生活中的一切。有一点千万别忘了，对你的孩子来说，你的鼓励和信任比你想象得重要得多。你的孩子会努力达到你的期望。

应对之策

保持平衡。

打断谈话

在你打电话的时候，幼儿跑来捣乱是稀松平常的。但如果是你那 14 岁或 17 岁的孩子在你打电话时突然出现在你面前打断你的谈话，那么你会怎么做？

给你的孩子一点"脸色"看看。

对电话那头和你说话的人说："不好意思，等一下。"捂住话筒，对你的孩子说："我过几分钟再和你说。"然后回到之前的对话中。通话结束后，告诉你的孩子："你在我打电话时进来打断我的谈话的这种行为让我非常失望。"给你的孩子一点"脸色"看看。

记住，家长们，孩子们是希望让你高兴的，他不喜欢你对他的行为感到失望。注意，你不是在贬低他，你只是在告诉他你对他的行为——比如从他嘴里说出的话和他咄咄逼人的举止——感到失望。

然后就不要再提这件事了。但愿你表达失望的话能让孩子道歉。即使他没有，也会在下次打断你之前多想想到底该怎么做。

如果这种行为继续下去，我会对那个不会看人脸色的孩子采取一些惩罚措施。如果孩子有手机，我就会把手机锁上几天，这样他就会考虑如何尊重正在使用手机的家人。

应对之策

给点脸色。

经验之谈

我们家乱得要命。我们养了两只狗、一只雪貂，还有两个经常吵闹的男孩，他们的年龄只相差一岁。我在打电话时几乎总是会被打扰。总是会有一个孩子突然闯进来说自己"需要"什么东西，而且马上就要。作为家里唯一的女性，我迫切需要一些"女性时间"，所以我试了试你建议的方法。

我刚拿起电话两分钟，我的大儿子就走进房间大喊："妈妈，我需要……"

我对电话那头的女友说了声"不好意思"，捂住话筒，然后我告诉大儿子在打完电话后我会和他谈谈。

一分钟后，他又进来打断了我的通话。这一次我没理他，我走进另一个房间，锁上门，继续我的谈话。男孩们开始在走廊里打架，而且一直在制造噪声。在吵闹声中我几乎听不到我朋友的声音，但我告诉她我在做什么。

"这就说得通了，"她说，"我希望这个方法能成功。"

结束通话后，我打开门，看到他们在走廊上摔跤，我试着给了他们俩一点"脸色"看看。我平静地告诉他们，我对他们俩都很失望——其中一个在我唯一的闺蜜聊天时间里打断了我，而且两人还在我说话的门外打了起来。

然后我转身走开了。

摔跤停止了。房间里突然间一片死寂。

通常我会对他们大喊大叫，让他们停止打闹。这次我却保持冷静，转身去厨房洗碗。

一个小时后，我无意中听到两个男孩问他们的爸爸："呃，妈妈是生病了还是怎么了？她看起来有点奇怪。"

"有点奇怪"这个词被沿用了下来。第二天晚上，我只需要重演一遍电话被打断的场景，他们就会明白：如果妈妈在打电话，就不要去打扰她。真是松了一口气。谢谢你的小妙招！

安妮，西雅图

垃圾食品

说到这个话题，我想先问问大家：你橱柜里的那些垃圾食品是从哪里来的？

我认为答案很简单。美国社会并没有鼓励人们养成健康的饮食习惯。不过我承认，我在杂货店看到越来越多的人在阅读产品外包装上的小字。摄入过多的糖和钠是当今许多流行疾病的主要诱因。父母和学校帮不了你。大多数学校会在网上公布午餐食谱，或者将食谱印在每月的日历上让学生带回家。

教育专业人士会告诉你，我们给孩子吃鸡块、比萨和热狗，因为他们只会吃这些东西。但是坏习惯的养成从婴儿时期就开始了。你从货架上买到的很多婴儿食品都不是真正有营养的东西，它们让婴儿尝到了糖的味道。大多数孩子在幼年时期就养成了不良的饮食习惯。我甚至读到过有人起诉麦当劳"造成"了他们的肥胖。这就是推卸责任！但在社会里，某种问题的升级从来不是某个人的错。承担个人责任的意识已经像渡渡鸟一样消失了。父母相信孩子需要被管教，但若你真的在学校严格管教他们的孩子，他们就会带着律师出现在你面前。

如果你是那个从商店把它带回家的人，别再这样做了。

所以，如果你认为孩子吃太多垃圾食品是一个大问题，那就不要推卸责任。如果你是那个从商店把它带回家的人，那就别再这样做了。吃点其他更健康的食物吧。是的，我知道在繁忙的日程安排和快餐如此唾手可得的情况下，这样做是一个挑战。但如果你一定要选快餐，那就选你能找到的最健康的那种，或者从菜单上的几种健康食品中挑一个。

作为家长，你可以控制家人的饮食习惯。所以买点健康的食物吧！吃太多垃圾食品会引发各种各样的健康问题，更不用说肥胖问题了。今天的人类比历史上任何时候都更肥胖，身材走样得更严重。大家都把注意力放在了健身俱乐部上，但我们应该从根本上解决问题。

但是，如果你看看我的体形，你一定认为我应该读读我自己的书。就我个人而言，我必须告诉你，脂肪和碳水一直都是我的最爱。

应对之策

健康饮食。

自以为是

自以为是的人真让人恼火，不是吗？

更让人受不了的是，他们总是让你忍不住想跳起来反驳。你知道他们说的不是真的，也不准确。而你，作为家长，有必要澄清事实，但不要急于这样做。

事实上，对那些自以为是的"万事通"来说，最有教育意义的时刻会以一种非常自然的方式出现。假设你知道你 13 岁的女儿要在星期一早上交论文，你是不是整个周末都在唠叨她把论文写完？不要这样。我再问一遍：这是谁的作业？

星期日夜晚来临了。她和她的兄弟姐妹们坐在家庭娱乐室里看电影。你知道她什么都没做。你要提醒她吗？不用。

比较谨慎的做法是在星期一早上给她的老师发一封邮件：

据我所知，安娜贝尔一点也没写今天上午要交的论文。我觉得你最好和她谈谈。

聪明的父母会寻求家庭之外的第三方的帮助。这样能使孩子更深刻地吸取教训。

假设你的儿子出门不穿外套。你已经看了天气预报，知道从下午开始有雨夹雪。你对儿子说："宝贝，你的夹克……"

"哦，妈妈，"他翻了个白眼，"我不需要。不会那么冷的。"

那就这样吧。

现在的青少年是头脑中充斥着"我，我，我"的一代。大多数孩子不知天高地厚，以为自己是宇宙中心。今天的孩子们只要稍加努力，就会收到一大堆"好儿子""好女儿"和"我真为你骄傲"之类的夸赞。在"积极的话语会帮助孩子树立自尊"这种空话的幌子下，我们往往会过分地赞美孩子。但很多时候它是假的、空的、没有价值的。

话又说回来，也许我还是要唠叨几句。要谦卑、要宽容、要温和……好吧，你懂的。

然而，我们的社会被自尊这个错误的前提和概念驱使着。请大家认真思考一分钟。积极的自尊真的是你想要追求的态度吗？那你得到的反馈恰恰就是"我，我，我"！

> 当你有一颗为人着想的心时，你就不用费力去寻找需要帮助的人。

如果你认真思考人生的意义，你就不会听到"我，我，我"。你听到的都是他人的需求。

与其担心孩子的积极自尊，为什么不寻找你们作为一个家庭（包括你的孩子），可以为他人奉献而不期望获得任何回报的方式呢？当你有一颗为人着想的心时，你就不用费力去寻找需要帮助的人。你的孩子们也应该参与其中。每个假期你都会看到很多人以家庭为单位举办各种慈善活动，但一年中除假期外的其他时间呢？这应该是一项持续进行的事业。

我们家通过一些项目资助了好几个孩子。我们还能做更多吗？当然能！

但至少我家的孩子们很早就知道别人很重要，生活并不全是关于他们自己的。他们不会事事都问："这对我有什么好处？"

有些了解我们家现状的人认为，全家人都如此乐于奉献简直是个奇迹。但对我来说，出现这样的结果一点也不让我意外。莱曼家的 5 个孩子都是奉献者——这一群孩子中没有一个是索取者，因为在我们家，所有人都一心为其他人服务。

还有一个很有趣的现象是，与他们喜欢出风头而且永远像个小孩的父亲相反，我们的 5 个孩子实际上会尽量避免出风头。他们的态度很谦逊。前段时间，我在看儿子的 Facebook 主页时，很想知道他对自己的职业有什么看法。你们知道他输入的头衔是什么吗？是"助人者"。事实上，他是一档获得艾美奖的电视节目的首席编剧，那是日间最搞笑的电视节目。他真的很擅长搞笑。但作为一名喜剧作家，他非常低调，与每个人都能和睦相处，他的诚实、正直和慷慨助人的本性人尽皆知。

如果你认为一个青少年不可能越过自己去为他人考虑，那你就错了。但要让他做到这一点，父母的榜样作用很重要，你要尊重他人的想法，发自内心地认为它们值得你关注。

你怎么做，你的孩子就会怎么做。

任由该吃的苦头、该受的教训自然出现。

放学后，下起雨夹雪时，你的儿子可能会希望他有一件夹克。也许挨冻会让他意识到以后要听妈妈的话，或者至少多参考一下妈妈的建议。

如果你的孩子有健康问题，那就没什么好说的了，因为对患有哮喘或免疫力低下的孩子来说，不穿夹克会使病情加剧。那就拿出父母的王牌，直接命令他："我知道你不想穿夹克，但今天下午有雨夹雪，你得穿上它。"

记住：把你作为父母独有的王牌留到真正有用的时候。任由该吃的苦头、该受的教训自然出现，在孩子人生的这个阶段，它们会成为比你更好的老师。

应对之策

吃点苦头。

缺乏动力 / 不求上进

大多数缺乏动力的孩子之所以如此表现都是有原因的。这又回到了前面讲的"目的性行为"。如果一个孩子什么家庭作业都不做，他的目的是什么？如果一个孩子似乎每门课都及不了格，他的目的又是什么？具有讽刺意味的是，很多时候，那些不完成家庭作业、不好好听课、考试不及格的孩子其实很聪明。这些都是他们能做到的，而且能做得很好。那么为什么他们的积极性如此低下呢？

生活在不切实际的期望和完美主义中的孩子害怕成功。

家长们，你们不需要看得太远就能找到答案。如果你是那种喜欢督促孩子的家长，对孩子有很高的期望，总是很快指出孩子的每一个缺点，你可能会说："嘿，你成绩单上的 B 是怎么回事？"（而这是一连串 A 中唯一的一个 B），你的行为就会让你的孩子进入一种没有动力的状态并停留在那里。

生活在不切实际的期望和完美主义中的孩子害怕成功。

"等一下，莱曼博士，"你一定想问，"你的意思是说他们害怕失败，是吗？"

不，我是说他们害怕成功。他们很擅长失败。

以约翰为例，他是一名高二学生，曾经是个可以稳稳拿 B 的学生，一直持续到大学一年级。后来，他决定再也不和自己聪明的姐姐竞争了，他姐姐那时已经念大三了。他也不想再跨越父母给他设置的高栏了。现在，他几乎每门功课的成绩都是 F，就连他以前很喜欢并且很擅长的科目也一样。

盯得太紧，大器也难晚成。

有些孩子总是背负着压力，觉得任何时候都必须达到标准，任何事情都必须做得完全正确，他们是最有可能自暴自弃，最后选择什么都不做的孩子。毕竟，如果他们真的成功了，他们就必须做到永远成功，这往往会让他们觉得压力太大。

盯得太紧，大器也难晚成。

生活中确实有大器晚成的人。我就是其中之一。我的人生直到被大学开除，迫于生计去当了看门人才真正开始。然而，现在回想起来，我才意识到，我开始绽放的时间是比我大 5 岁的哥哥和姐姐从家里搬走之后。当时家里只有我和我的父母了。那是我第一次没有超人哥哥或超人姐姐在我身边作对比。他们已经步入了成年期，而我也不用再每天背负着面对他们的成功的重担。

有时，生活环境会迫使一个孩子重新评估自己并获得动力。对我来说，那一刻是在我 17 岁高中毕业的时候。我所有的朋友都去上大学了，但没有一所大学愿意录取我。这个严酷的现实使我发生了转变。我开始认真思考未来该何去何从。

当一个孩子缺乏动力的时候，不求上进就是他的人生目标。父母可能会用否定的眼光看他，但至少他让父母的目光转向了他。那孩子的不求上进其实是在告诉父母："我无法成为你们认为我应该成为的人，所以我连试都不想试。"

作为家长，你能做些什么呢？

首先，降低你的期望值。在他表现得不错的时候给予鼓励，尽量减轻他的压力。

其次，如果你有一个 12 岁正在上 8 年级的孩子，他在学校成绩很差，你可以要求学校让他留级，让他重读 8 年级。给他一次重来的机会，让他为进入高中做更充分的准备。

"但是，莱曼博士，"你会说，"这对他的心理会有什么影响？会让他严重受伤吧？"

你可能不得不对校长拍桌子，让他留下一个 7 年级或 8 年级的孩子。大多数公立学校都全盘接受了"自我概念"（孩子如何看待自己）比学业（孩子在学校的表现）更重要的观念。毕竟，我们都不想打击小布福德的自尊，对吧？然而，如果小布福德在学校里门门成绩都不及格，那他的自尊基本上所剩无几！

如果你想让你的孩子重读一次，你可以这样对他说："我知道你在努力，所以我们要给你一次重来的机会。"这也是尊重他的一种方式。

你可能会注意到，在这种情形中，我举了一个男孩的例子。这是因为从统计学和心理学角度看，男孩在智力发育发面天生就比女孩落后一岁左右。

但你也可以采用一种新的方法。如果你想让一个 7 年级或 8 年级的孩子留级，你可以把他转到另一所学校，这样更容易让他重新开始。

重新来过可能会让他的人生变得更好。

如果你认为让你的孩子留级是一个艰难的决定，那么问问你自己，如果不采取这种果断的行动，你的孩子将如何改变？动力之灯什么时候才能亮起？

尽管很多大学生可以在学校天天浑水摸鱼，最后以垫底的成绩顺利毕业，但你难道不希望你的孩子现在就获得一些动力吗？

是时候仔细检查一下你对孩子的期望了，激发出他的动力吧。重读一年不会伤害他的心灵，反而可能会让他的人生变得更好。

应对之策

责无旁贷。

经验之谈

最近你在广播电台谈到了完美主义和挑剔的父母，你的见解真是一针见血。我以前从不认为自己是完美主义者或挑剔的人，但是我错了。我完全没有意识到是我的行为导致我女儿数学不及格。她不想再努力了，但这怎么能怪她呢？我总是问她为什么得 B，我知道以她的智商绝对可以取得更好的成绩。然后她开始得 D 和 F，所以我们取消了她的特权，但完全没有用。

　　然后我意识到我才是那个首先需要改变的人。我告诉女儿，我知道数学对她来说很难，我也对我的行为让她的处境变得更艰难感到抱歉。我问她我能为她做些什么。那次简短的谈话开启了我们的交流。昨天她拿了张成绩是 C 的数学试卷回家。我能看出来她给我看的时候很紧张。但当我看到它时，我对她说："干得好。我知道你一直很努力，这是有回报的。"

　　她看起来很吃惊，但随后她笑了。

　　你说得对，莱曼博士。孩子的改变要从我开始。我多么希望自己能再聪明一点，能早点发现这一点。

库尔特，田纳西州

独行侠

　　当你听到"独行侠"这个词时，它通常带有负面含义，指的是那些离群索居的人。但很多适应能力很强的人也可能被贴上"独行侠"的标签。他们往往是长子长女或独生子女。书是他们最好的朋友之一。他们完全能够自得其乐，而且他们往往沉默内敛，不善于社交。毕竟，他们是家里第一个或唯一的孩子，大部分时间都是和大人在一起，而不是和其他孩子打交道。

> 很多适应能力很强的人也会被贴上"独行侠"的标签。

　　我无法告诉你，在我的心理咨询工作中，有多少父母把他们的孩子带到我这里，说他是一个孤僻的人。他们很担心，因为他从不邀请其他孩子到家里来，也从不和同龄人一起出去玩。相反，他喜欢读奇幻小说和科幻小说，而且会花很多时间创作音乐。

世上有三种人：热爱人群的人、热爱数据的人、热爱事物的人。独行侠的一个共同点是，他们往往是热爱数据和热爱事物的人。他们不喜欢和人打交道。事实上，处于人群中往往会让他们感到身心俱疲。

所以当有家长给我带来一个他们认为孤僻的孩子时，我会问："那家里的其他孩子呢？"

"哦，"家长说，"他是独生子女。"

"这下就弄清楚了，"我说，"回家吧，什么事都没有。"

需要说明的是，独生子女虽然可能有一些独来独往的特质，但他们在生活中表现得很好。不是每个人都喜欢社交活动或交朋友。如果你的孩子不喜欢，你现在就应该高兴得上蹿下跳。因为如果你的孩子有一些独来独往的特质，他就不会像很多青少年一样，为了被同龄人接受而做出一些对自己不利的行为。

不过，如果你的独行侠看起来很抑郁，只穿黑色衣服，在学校表现不好，不与任何人交流（甚至是你），或者什么都不做，那你就遇到问题了。是时候去看一下当地的心理医生了。

看看周围那些你认识的独来独往的成年人。他们很安静——沉默寡言，但通常很优秀。为什么不让你的孩子去认识其中的一些人呢？你可以找个时间请他们来你家吃饭。

最重要的是，一定要意识到我们每个人都是不同的，并尊重这些差异，不要试图把你的孩子塑造成你认为她应该成为的样子。

应对之策

人各有志。

说谎

　　当孩子说谎时，最理想的反应是与他们冷静地对话，讨论为什么要说谎。一些青少年可能连自己都没有意识到为什么要说谎，更别说将原因清清楚楚地说出来了。但大多数经常说谎的孩子往往认为父母控制欲太强、太专制。这些孩子认为他们能在生活中获得自由的唯一方式就是说谎。他们害怕如果告诉你真相，就会惹上麻烦。

　　但说谎会无法让你们互相尊重。所以，如果你的孩子对你说谎，你可以说："你对我说谎这个事实是个问题，因为这意味着我不能信任你。现在你告诉我，如果我不信任你，却把车钥匙交给你，让你和你的朋友周末开车去旅行，那我到底是聪明还是愚蠢？"

　　如果你的孩子继续对你说谎，那么无论他要什么，你都要回答"不行"。

　　如果你的孩子继续对你说谎，那么无论他要什么，你都要回答"不行"，直到他真正意识到出大事了为止。当他大概明白是怎么回事的时候，很可能会提出抗议："嘿，这是怎么回事？你总是让我……"

　　现在到了趁机教育孩子的时刻了。"嗯，我们讨论了关于说谎的问题，我对你说的话的信任程度下降了很多，因为你一直在说谎。所以现在我不再相信你了。这意味着在你明白以诚为本的道理之前，哪儿也别去。

　　"事实上，如果我们能坦诚对话，你的日子会更好过，你也会有更多的自由。即使可能是一些你知道我不想听的事，我也会因为你说了真话而尊重你。我也发誓永远会对你说真话，但我想要的不只是这个。我还希望能一直了解你的想法和感受，因为我希望有更多尊重你的理由。"

赢得孩子的合作。当你的孩子开始把你当成可信任的伙伴时，说谎的行为就会停止。当你们成功建立起这种关系时，你的孩子会再次获得更多的自由。

应对之策

以诚为本。

经验之谈

当我第一次发现 14 岁的儿子在放学后的去向上对我说谎时，我深感震惊。后来，我从另一位母亲那里得知，这不是我儿子第一次说谎了。我听了你的建议，直截了当地问他为什么要说谎。他一副"被发现了"的表情。当他最终告诉我真相时（他说谎是因为他以为如果不这样做我就不会让他做任何事，也不会让他去任何地方），我才意识到自己是一个多么让人窒息的母亲。

我现在学着信任我的儿子，学会放手（仍然很难，但是我正在进步）。他在学着告诉我真相，即使他知道我并不赞同他的某些行为。我们正在开始建立一种以信任为基础的关系。

汉娜，北达科他州

应对之策

施比受更有福。

房间凌乱

自古以来，孩子的房间过于凌乱一直是父母们的难题。我敢肯定，就连穴居人也得时不时提醒自己的儿子不要把兽皮衣服到处乱扔。如果我现在走进小女儿劳伦的房间，会看到地板上到处都是东西，包括胶枪、纸张和一些闪闪发光的小玩意儿。劳伦是一个追求细节的手工爱好者，总是在做各种各样的东西。她会花好几个小时为家人手工制作礼物，不只在生日和圣诞节的时候，其他时候也会。

> 我会走进她的房间，摇摇头说："这可真是一幅杰作呀！"

我会走进她的房间，摇摇头说："这可真是一幅杰作呀！"其实我想说："嘿，劳伦，我注意到你的房间有多乱了。"

如果你觉得自己十几岁的孩子应该每天打扫房间，让房间保持一尘不染，那么你可以试试对他们提出这样的要求，但这可能不是一个好主意。在我看来，这场战斗没必要。如果这堆东西真的很让你心烦，那就关上门，眼不见为净。但如果让你的孩子每周清理几次她的房间对你来说是件大事，那就这样说："我知道这是你的地盘，你的房间，但你是这个家庭的一员，你的房间是这个房子的一部分，而这个房子是贷款买的，是我们和提供贷款的机构共同拥有的。所以我们想请你每周打扫两次。由你来定哪天打扫。"最好是星期六，因为这一天孩子们更有可能在家。

如果你的孩子无视你的指令，那就请一个兄弟姐妹去打扫房间，并从孩子的零用钱中扣除一部分支付给那个兄弟姐妹。也可以请邻居的孩子来打扫房间。你甚至还可以亲自打扫，然后从孩子的零花钱里拿出可观的一笔来犒劳自己。孩子很快就会明白你的意思，而且青少年不喜欢别人碰他们的东西。

这个简单的解决方案也体现了现实规则：你可以把车开到洗车店花 9 美元洗车，也可以自己洗，省下这 9 美元。同样，你的孩子可以花钱请人打扫他的房间，也可以自己打扫，省下这笔人工费。

这种事没有什么好争论的。

应对之策

眼不见为净。

金钱与工作

如果听了小时候人们对我的评价，我肯定会得出这样的结论：我将一事无成。无论是在生活还是学业方面，我都表现得很差劲。但现在回想起来，我其实是个很有进取心的人。我从当地的乡村俱乐部救出了掉进小溪里的高尔夫球，我还开了个水果摊。

不过，世界在不停地改变，现在和我开水果摊的那个时代已经完全不一样了。今天，不仅是个人和家庭财务前景堪忧，就连很多国家的经济前景都处于危险之中。

你对金钱的看法和对待金钱的方式影响着你的整个人生。

你对金钱的看法和对待金钱的方式影响着你的整个人生。钱的问题围绕着我们所有人：国家背负巨额债务；个人经济陷入困境；大学教育成本高昂；无法顺利退休，美国多个城市公开表示他们无法支付工人的退休金。在这样的环境下，教你的孩子如何存钱（如果你是一个有信仰的人，还要把钱捐出十分之一）和如何明智地利用手头的钱非常重要。

一定要尽早传授孩子理财知识。以孩子的名义购买一些股票或债券，这是教育孩子了解股票市场及其运作方式的好方法。通过这样做，你可以向孩子传递这样的信息："你必须自己弄明白这些事情，因为政府不会为你解决这些问题。"

我们熟悉的社会保障制度将在 25 年后发生巨大的变化。退休年龄会延迟，这样政府才能更轻松地应付因大批"婴儿潮一代"达到退休年龄而带来的财政冲击。要让你的孩子明白，为未来计，最好将自己的个人经济状况打理好。

这就是为什么我要建议大家，如果你的孩子愿意把 5 美元存入一个储蓄账户，你就自掏腰包再给他们补 5 美元。这样可以让你的孩子亲眼看到账户里的钱一点点增加并对理财产生兴趣。但前提是他们必须心甘情愿。

有人肯定想说："但是，莱曼博士，你是不是太看重钱了？"

你需要培养有生存智慧的孩子，让他们意识到，个人财务安全更多地取决于自己在有关金钱的事务上所做的明智决策。

零用钱

我是真心认为孩子们应该有零用钱。

我现在就可以听到你们中的一些人在说："莱曼博士，你说得容易，但我们只能勉强维持生计而已，没有多余的钱给孩子了。"

但你总得为你的孩子花钱，对吧？你要为他买校服，给他钱吃午饭，或者花钱买食材为他做午餐。那为什么不把这些钱换成零用钱呢？让你的孩子掌握一定数额的金钱，并让他自己决定这些钱怎么花。这样会让他知道一块钱的价值，因为钱会从他手里流过，刚开始的几次流得太快了，仿佛一眨眼就两手空空。但当他越来越习惯理财时，花起钱来就会越来越精明。

这也给了你一些可以趁机教育他的时刻，也让你在其他情况下有了更多筹码。如果你的孩子没有完成该完成的家务，而你不得不让他的妹妹去做，他下次得到的零用钱就会少一些。不管你给了女儿多少钱，如果你请她去干哥哥本该干的活，这笔钱都会从你儿子的零用钱里扣除。

如果你能有效利用这个简单的解决方案，孩子们很快就会学乖，我保证。

积蓄 / 个人账户

在我 14 岁的时候，在很多人眼里我就是个傻瓜。但这个傻瓜实际上是布法罗乡村俱乐部的球童，可以一次提两个高尔夫球袋（被称为"双包"）。我每周能拿到 70 美元的薪水，这在当时可是一大笔钱。

回想起来，我后知后觉地意识到，当时我的收入和我父亲的收入已经非常接近了。我还是一个很会精打细算的人。我会努力工作，把钱存起来。

正是因为后来我发现这种心态给我带来了丰厚的回报，我才鼓励我的孩子们也这样做。

孩子们在夏令营打工挣到钱时，我会帮他们兑现支票，充当他们的银行。但我其实是把他们的支票存入了他们自己的账户。我会把他们打工挣来的钱一分不少地给他们，这样他们就能把辛苦工作的报酬拿到手中，然后我把他们拿回来的支票存入他们的账户，让他们户头上的钱和拿到手里的钱一样多。这样一番操作下来的结果让他们看到，只要每次存一点钱，长期下来财富累积的速度比他们想象得要快。我的每个孩子都有个人账户，这让他们有了一笔不菲的启动资金。在美国的很多银行，甚至一些股票和债券中，你只需要 100 美元就可以开始储蓄。为什么不试试呢？

上大学

　　和你的孩子诚实地讨论奖学金、补助金和大学贷款的问题。我认识一些刚从大学毕业的年轻人，有的人已经欠下了多达 24 万美元的债务！如果你属于中等收入群体，孩子在学校成绩优良，那么你的孩子可以申请经济援助或助学金，而且无须偿还。但对于不属于这一类的人，我想问问你们：让你的孩子上四年大学，背上那么多债务，真的值得吗？除非他心中有一个非常明确的目标，比如成为一名医生。为什么不想想别的办法呢？比如让你的孩子先去社区大学上普通课程，弄清楚他真正想做的是什么，然后再转去别的学校，去读他特别感兴趣的专业。此外，如果你的孩子并不确定自己想做什么，那让他高中毕业后先去工作一两年也未尝不可。

　　我想以个人的名义请求大家。如果你有能力支付孩子的大学学费或部分学费，请不要吝于付出。不要仅仅因为你所谓的“原则”——人应该自食其力——就让你的孩子背负着难以承受的债务离开大学开始生活。请尽你所能地帮助他们。但你也要和上大学的子女保持诚实的沟通，这样你就能知道自己的投资是否明智（也就是说，要确定孩子花那么多钱上大学是为了一个真正的学位和为工作做准备，还是只想去大学看看热闹）。

　　　　　　　　　　应对之策

钱很重要。

大放厥词

　　当你的孩子口无遮拦、大放厥词时，你的第一反应是什么？你也许恨不得反唇相讥揭穿他的老底。但不要做以牙还牙的事。

　　事实上，我建议你闭上嘴巴，保持安静，和他保持一定的距离。

　　你的儿子必然会跑来找你，因为他需要一些东西。他会说："妈妈，你知道我的毛衣在哪儿吗？"

　　你只需要淡淡地告诉他："不知道。"

　　"我可以去杰克家打篮球吗？"他问道。

　　"不行，你不能去。"

　　等待适合进行教育的时刻——那时候你的孩子会跑来问你："你怎么了？"

　　尽量保持沉默。然后等待适合进行教育的时刻——那时候你的孩子会跑来问你："你怎么了？"

　　现在，聚光灯打开了。是你闪亮登场的时候了。你打算说点什么呢？

　　"你真的想知道我怎么了吗？"你平静地问，孩子点了点头，"那我现在告诉你。我对我们两个小时前的谈话很不高兴。"

注意，说这么多就够了，你不必赘述，谈话到此结束。由此，你把球击落在孩子那边的场地上。

现在该他发球了，由他决定是否想继续谈话。

他可能会说："这有什么大不了的吗？"

如果他这样讲的话，证明他还没准备好听真相。有些孩子学得很慢。所以就这样吧……现在先不管了。你需要处理这种情况，但不要试图像对待在地毯上撒尿的小狗一样（按着它的头让它好好闻闻地毯）处理这件事，这样的方法是行不通的。

继续保持安静，保持距离。你儿子会看到你与以往不同的行为和态度，看到你不动声色，他会回来找你，通常他会说："对不起，妈妈，我不该说那些话。"

你会接受他的道歉。你知道自己很爱他。生活还要继续。

但真正适合教育的时刻是什么时候呢？是你的孩子要求你答应他什么事情的时候。他肯定会提出这种要求的。

"不，杰克，"这个时候你就要说，"这不行。"

不用解释为什么，只需陈述事实就好了，让他自己去弄清你这样做的原因。他会发觉："哦，我现在不能去朋友家了，因为我今天早上做的那件事。"你的孩子会想明白的，相信我。

但是，你不能退缩。如果你想让孩子在 5 天之内大变样，你就必须让他为之前的行为承担后果。你不能用过去的老办法，别忘了，正是这些老办法让你面临当前的困境的。你必须用不同的方式做事。这意味着你要下定改变的决心并坚持下去。

当你给孩子一个意料之外的情绪反应—— 一件他没有预料到会发生的

事——你就给了他一个有力的教训。

应对之策

出其不意。

音乐

每一代人都有属于他们的音乐。当猫王第一次出现时，著名脱口秀主持人埃德·沙利文（Ed Sullivan）明确表示，他们只会拍摄猫王胸部以上的部分。他不确定美国人是否能接受猫王招牌式的舞蹈动作。1964 年，披头士乐队的发型被认为"夸张离谱"。而现在呢，想想埃米纳姆（Eminem）、50 美分（50 Cent）、史努比·狗狗（Snoop Dogg）和李尔·韦恩（Lil Wayne）这样的艺人都在唱什么。

> 有史以来没有多少父母会说："哇，我好喜欢孩子们爱听的音乐。"

每一代人的音乐风格都在改变。有史以来没有多少父母会说："哇，我好喜欢孩子们爱听的音乐。"但是聪明的父母会努力发掘孩子所喜欢的音乐的优点——无论是旋律节拍、歌手的声音还是歌曲的主题。

在和十几岁的孩子在车里听音乐时，你可以对他们说："宝贝，你能把声音开大一点吗？"如果歌词很糟糕，你的孩子可能会感到尴尬。但无论歌词如何，只要你们一起听，就给了你和孩子讨论的机会。

有一些歌曲的歌词中充斥着脏话。在这一点上你必须划一道明确的界线。但你也要意识到，你的孩子可能并不知道歌手真正在唱什么。有很多歌我会跟着歌手一起唱，但对歌词一直记得支离破碎，直到很多年后才能把整首歌词记起来，从而弄清楚这首歌真正想表达的意思。

很多青少年也没有把那些记得支离破碎的歌词与他们听到的音乐联系起来。如果你的孩子打开汽车里的音乐播放器，会开心地跟着唱，对某些歌词并不会感到尴尬，那你就可以从这个细节推断出你的孩子对这首歌的真正含义一无所知。如果他们感到尴尬，那就证明他们知道自己在听什么。而且，他们以后大概不会再听那首歌了，至少不会再让你听到了。

你也许并不喜欢那些十几岁孩子爱听的音乐的节奏，但你可以和孩子讨论歌词，以及为什么有些歌词可以接受，但有些不能，这样做是很有意义的。

音乐是我们生活中非常重要的一部分，它无处不在。即使是在餐厅用餐时，也永远少不了音乐。

我希望自己足够长寿到能看到现在的青少年在他们五十岁的高中同学聚会上，伴着他们从小听的音乐跳舞。那一定会很有趣，不是吗？

现在让我们回到上音乐课这个问题。如果去上音乐课是你的梦想，而不是孩子的梦想，那就不要强迫他去，否则你只会自找麻烦。不如你自己去上课吧。

有些孩子喜欢音乐。如果你的孩子是这样的，那就想办法进一步激发他的好奇心，让他体验演奏一种乐器并进行练习。花钱上音乐课可以鼓励这种自然萌发的兴趣。但如果你的孩子已经开始学习一种乐器，却在短短几周后就不想学了，该怎么办？在我们家，规则是这样的：你可以每学期选择一项活动，但一旦你选择了它，就必须坚持整个学期。

但假设你的孩子从 8 岁就开始上音乐课，也许他真的需要休息一年。那就由着他吧，让他喘口气，天塌不下来。

如今有很多喜欢音乐的成年人说："我很高兴当初爸爸妈妈不同意我放弃，即使是在我学得很痛苦的那段时期，他们也让我咬牙坚持。"如果你担心任由孩子放弃，他们将来会后悔，那就对他们在音乐领域的天赋进行真实的评估。如果你的孩子在音乐方面确实有天赋，那么她当然应该被鼓励去发展这种天赋。但我会强迫一个孩子继续上课吗？不会。如果你的孩子真的喜欢音乐，她会在休息一段时间后重新投入到音乐当中。如果没有，那你也知道是怎么回事。

总而言之，不要在学音乐方面与孩子发生争执，不管他们是在听音乐还是创作音乐。

应对之策

尊重孩子。

经验之谈

听到你对孩子和其喜欢的音乐的看法，让我感觉茅塞顿开。我在一个非常保守的家庭长大，我的父母要求我"不能喝酒，不能跳舞，不能和喝酒跳舞的女孩在一起"。在如何处理孩子们听的音乐这个问题上，我遇到了难题。在我看来它实在是太粗俗了。但是你说可以听歌词而不是节拍，这是一个很好的建议。我惊讶地发现，儿女们听的很多歌的歌词实际上都是积极向上的。这也给了我一个可以在听到一些负面歌曲时和他们讨论一番的机会。

有一天我在车里对儿子说："嘿，把声音调大点，我也想听。"他看着我，咧嘴笑着说："你不错呀，爸爸。"这说明上了年纪的人也能接受新鲜事物。

兰德尔，肯塔基州

应对之策

眼不见心不烦。

睡懒觉

对于睡懒觉这个问题，你可能会认为我的建议是"既然闹钟响过了他还继续睡，那就让这个小家伙自己从床上爬起来走着去上学吧"。

你错了。我的建议是，你主动提出开车送你的孩子去上学。

请大家记住我这句话，现在让我们稍微改变一下场景。假设这是你的孩子一周之内第三次没有按时起床上学了。那这就是完全不同的两码事了。

每个孩子都曾经忘记过带午饭或作业去学校。所以，如果你在一个小时后开车去学校，把孩子的午餐或作业送过去，这样做完全没问题。我们都有大意的时候。我们无须对孩子人生的每一小步都讲一番大道理。在养育孩子的过程中，家长应该肯定所有人都不完美的事实并抱有宽容、善良的态度。

执行 B 计划。

有些孩子天生睡得很沉，闹钟也吵不醒。但我现在要说的是那种长期闹钟叫不醒的孩子，是那种即使你叫醒他并试图让他起床也无济于事的孩子。所以这种情况下你要执行 B 计划：告诉学校的管理者你的孩子没有迟到的合理理由。请学校的执勤人员在孩子到达学校时找他谈话，并要求孩子解释迟到的原因。来自第三方的压力永远比你亲自出马更好。

如果你的孩子因为各种原因不得不步行上学，那就让他走着去吧。如果你不得不开车送他去，注意，你的孩子可能会在去学校的路上找碴儿和你吵架。他会认为这归根到底是你的错，因为你没想办法让他起床。当这种情况发生时，你只需要保持微笑并当他下车时说："亲爱的，祝你有愉快的一天。"

生活还会继续。不要被孩子牵着鼻子走，不要参与他蓄意挑起的战斗。不要居高临下地指责他说："我不明白为什么一个已经 15 岁的人，连按时去上学的责任感都没有。"

省省力气吧。让校长、教务主任、执勤人员和老师为你做这些工作。

对孩子来说，这样的教训会更深刻。

应对之策

省点力气。

疲于奔命

你没必要把孩子的生活安排得满满当当，你也完全不应该做这样的安排。无休止的活动对任何人都没有好处。既然如此，为什么你的孩子要在

"传送带"上全速奔跑呢？难道是因为他的人生信条是"只有有事可做，我的人生才有意义"吗？

每个孩子都需要一些放松的时间。尽管有些孩子看上去足以承受各种活动带来的所有压力，但从长远来看，没完没了的忙碌对他们有百害而无一利。所以，下次当孩子的足球教练找到你说："嘿，你儿子真的很棒。我想让他加入城市足球队——全明星流动比赛团队。在接下来的几个月里，我们每个周末都要去其他城市与其他球队踢球。"

大多数父母会说："好呀，这是多么好的机会啊！这可比在街角闲逛强多了，不是吗？"

这确实比在街角要好，但参加流动比赛团队意味着你的孩子会错过家庭比萨之夜，而且从星期五到星期一之间没有任何休息时间。就好像钟表一样日夜不停地走，而完全没有停下来修整的时间。

> 也许你拥有世界上最持久的电池，但如果你一直开着灯，那么电池的电量最终会耗尽。

也许你拥有世界上最持久的电池，但如果你一直开着灯，那么电池的电量最终会耗尽。

汉斯·塞利（Hans Selye）是最早撰文探讨身体如何应对压力的心理学家之一，他指出，我们每个人都有"自适应能量"（adaptive energy）。自适应能量是一种储备能源（额外的电池），当我们的能量耗尽时，自适应能量就会发挥作用，帮助我们撑过明天、下一周、下个月。然而，我们都听过表演者或演员在舞台上倒下的故事。他们被送往医院时往往已经精疲力竭。在塞利的描写中，精疲力竭是最后一个阶段。如果把人的精力比喻成一根蜡烛，在蜡烛消耗殆尽之前，你只能在身体上、精神上或情感上维系一定的时间。我们根本就不应该让青少年接近这种边缘。他们还是孩子，应该像孩子那样花时间做他们想做的事情，而不是一直被评估或必须取得好成绩。

顺便说一下，家长们，看看你们自己的计划表。你在拼命向前跑吗？如果是这样，是时候做出改变了。所有人的一天都只有 24 个小时。问题是，我们如何选择利用这些时间？当人们说"我不能改变……"时，他们真正的意思是"我不愿意改变……"。为孩子安排了大量活动的父母往往会因为孩子在多个领域取得的成功而获得心理上的满足。这给了他们可以在亲朋好友面前炫耀的资本。许多父母都想通过孩子间接地重活一次，把自己未实现的心愿和梦想寄托在孩子身上。但这对父母和孩子来说是合理的吗？当然是不合理的。

每个人都需要为自己而活，而不是为其他什么东西或其他人而活。

应对之策

放松一下。

经验之谈

你的话真是让我醍醐灌顶。上周听了你的演讲后，我回到家就把我的计划表撕掉了。第二天，我告诉两个十几岁的女儿我做了什么，并说我想看看她们的日程安排中有哪些活动能被删减掉。她们的反应让我感到惊讶，她们好像松了好大一口气。其中一个孩子很高兴地放弃了她已参加多年的演讲会。事实上，她说她有点厌倦了。另一个孩子取消了两项活动。我们决定在这学期结束的时候，也就是两周后，就正式做出改变。这样我们不仅能省下不少钱，而且能减轻很多压力。谢谢你让我变得积极主动，而不是坐在那里任由生活的压力把我们压垮。

安玛丽，俄亥俄州

聚会

有些聚会有利无弊，有些则是险象环生。当你的孩子说要去参加聚会时，你首先要问两个问题：

（1）要去谁家？

（2）有没有成年人到场？

无论你的孩子因为什么原因，要去谁的家，你都要保持警惕。如果你的孩子要去他的朋友家玩，你最好对其父母有一定的了解，亲自去看看对你的孩子来说那里的环境是否安全。

但让我们面对现实吧。你的孩子会去参加一些完全把你蒙在鼓里的聚会，尤其是那些一时兴起举办的派对。青少年通常不会提前做好计划。而且大多数派对都是在成年人不太会去的地方举行的。这些聚会通常会涉及酒精、音乐和性，孩子们会烂醉如泥，会呕吐，会参与各种各样我在此无须描述的隐蔽活动。

总体来说，大多数聚会对青少年都是无益的……永远如此。十五六岁的孩子举办的派对不再像 9 岁的孩子参加的派对那样充满童趣、无伤大雅了，青少年玩的游戏的风险大增。

如果父母出门过周末，把一个 15 岁的孩子独自留在家里，那他们完全就是在赌运气。

即使是好孩子也会做傻事。以我的一对夫妇朋友为例，有一次他们外出过周末，把 17 岁的儿子亚当（一个非常负责任的好孩子）独自留在了家里。亚当绝对是那种不用父母操心的孩子。他的父母答应他可以邀请一位朋友来陪他过夜。

令他们没想到的是，亚当和这位朋友决定再请几个人过来。于是亚当的父母要去过周末的消息迅速传开，很快几乎整个学校的人都来了，还有人带来了几箱啤酒，大家聚在一起开始狂欢。几个小时后，亚当震惊地看到自己的家和母亲珍爱的地毯遭到了破坏，甚至还有些东西被偷了。

最近，我那个已经 30 多岁的儿子在迪士尼碰到了他的一位朋友。他的朋友身边的年轻女子对凯文说："凯文·莱曼，你住在图森对吗？我去你家参加过一个聚会。"

凯文从小就秉持着莱曼家族的立场，不参加任何派对，他说："我不记得我们家举办过派对。"

"你家的地下一层是不是有一个很大的家庭娱乐室？"

凯文吓了一跳说："嗯，是的。"

"那我的确参加了你家的一个聚会。"

现在凯文被激起了好奇心。他问："哦，真的吗？什么时候？"

"在我的朋友杰克替你父母照看房子的时候。"

13 年后，我们才发现，当我们不在家的时候，那个住在我们家里照顾宠物的年轻人举办了一场盛大的派对！而这么多年我们对此毫不知情！

在派对上，你可以预料到一些意想不到的事情会发生……

这一切都表明，在派对上，你可以预料到一些意想不到的事情会发生……

家长们，总有一天你的孩子会出现在一个他其实不想出现的派对中，对此你应该做到心里有数。所以你和你的孩子做一个预先约定是很重要的。如果遇到了这种情况，他可以在派对结束时打电话给你，你会去接他，而且你不会问任何问题。如果这是一个临时起意并在你家里举行的聚会，而且后续的发展不是他希望的那样，你要拜托信任的邻居或者警察前去照看一下。

你看，这是件关乎安全的大事。

还要让你的孩子了解以下这些基本的聚会规则。

- 如果你在一个派对上看到一个孩子酗酒（例如，一口气喝下五分之一瓶的威士忌），那他很可能有自杀倾向。在我还是亚利桑那大学教务主任的时候就发生过这样的事情。如果你看到这样的情形，请立即打电话报警。

- 拒绝任何形式的酒精。

- 永远不要放下你的饮料，一直把它握在手中，不要让它离开你的视线。如果你一时疏忽没照看好它，那就把它扔掉，需要的时候再买新的。不是每个人都会像你的爸爸妈妈或者给你做苹果派的阿姨一样善待你。生活中有些人会虐待你、利用你，甚至杀害你。

- 如果派对开始失去控制，不必问任何原因，立即打电话给父母。

孩子们喜欢聚在一起玩。但一定要知道有谁在监督着这一切，你的孩子具体在什么地方，并确保他知道基本的聚会规则。

如果你的孩子非常想参加派对，一个更好的选择是在你自己的地盘上举行，在那里你可以制定规则，做一个始终在场的监督者，只要发现有什么不对，你就应该立刻吹响哨子。

当然还有更好的做法，那就是帮助你的孩子找到一些健康的活动，让他可以与志同道合的孩子一对一互动，或者在更可控、风险更小的环境中组成较小的团体。

应对之策

谨慎行事。

同辈压力

同辈压力，就像同胞之间的竞争一样，从该隐和亚伯的时代就已经存在了，并且将继续存在。它对所有青少年的生活都有重大影响。不过，同辈压力对孩子的影响程度取决于孩子在家里感到安全的程度。你的家是一个保障，让你的孩子能够抵御来自同龄人群体的诱惑。在以下家庭环境中长大的孩子对同辈压力的抵抗力更强：

- 价值观是由自己在生活中形成的，而不是被强硬灌输的；
- 他们被要求对自己的行为负责，犯了错就必须承认错误；
- 父母可以随时和孩子讨论孩子关心的话题，参加孩子的活动，把享受家庭活动和家庭晚餐列为优先事项。

在你的孩子周围充满了诱惑与风险的情况下，你也不能把孩子隔离起来，让他们远离外面的人和事物吗？不是的。没有人想成为玻璃温室里的"野鸡"。你要让孩子意识到他们身边存在的同辈压力和诱惑——酒精、性、说他人坏话、传小道消息，等等。但如果你成为他们的搭档，和他们共同面对成功和失败，并期待他们表现出最好的一面，你会惊讶于孩子抵御外界危险的能力有多强，即使是在那些非常艰难的时期。

你的孩子从内心深处希望自己能让父母开心。

如果你的孩子必须在父母的期望和同伴的压力之间做出选择，毫无疑问，每次的赢家都是你。那是因为，你的孩子从内心深处希望自己能让父母开心，让父母满意。当父母不开心的时候他们也会不开心。

你对孩子的影响力比你想象得要大。

应对之策

父母力量。

身体发育

身体发育对两性来说都是一个难题。孩子们说起话来总喜欢走极端，个子矮的孩子希望自己能再长高七八厘米，而高个子的孩子恨不得自己能变矮七八厘米。当然，从父母的角度来说，"你就是你，你独一无二，而且和其他人都不一样"。但是，在青少年的世界里，不管你是因为什么而显得格格不入，日子都不好过。所以，那些"与众不同"（在身体发育方面领先或落后）的孩子可能会过得很艰难。而作为父母，你能帮上什么忙呢？你可以肯定孩子真实的样子，关注他们的心灵，让你的家成为一个安全的港湾。但你也要动动脑筋，对孩子可能会因身体发育（过快或过慢）而在同龄人中受到怎样的对待有清醒的认识。

男孩

当你努力表现得更有男子气概并与其他男人竞争时，矮小瘦弱的身体可能会让你显得像只柔弱的小鸡。

在发育过程中落后于同龄人的男孩会经受极大的煎熬。首先，男孩的发育通常比女孩晚一年。这意味着如果你在身体发育上稍微落后一点，你的班上就会有比你高出 10 厘米的女生。你的声音可能还细得像个幼童，而班上其他男孩已经长满了腋毛。当你努力想表现得更有男子气概并与其他男人竞争时，矮小瘦弱的身体可能会让你显得像只柔弱的小鸡。

以兰迪为例，他是一个 14 岁但看起来像 10 岁的理工天才。眼看着班上所有爱运动的同学伸手快够得着篮球筐了，看起来已经有初中生的样子了，甚至有些像念高一的学生了。但兰迪呢？最近一位操场管理人员以为他是低年级学生（更糟糕的是，她是当着其他同学的面这么说的）。就在同一天，他班上的一个女生给他起了两个新绰号——"娘娘腔"和"小矮子"。你觉得兰迪那天回家时是什么感觉？你觉得他为什么第二天要假装生病，因为这样就不用去上学了？

在一个大男孩的世界里，感觉自己不够强大，无法和他人竞争，会给男孩带来很多情感和心理上的影响。这就是为什么我要告诉父母们，让孩子推迟一年上幼儿园是明智的，尤其是在他们看起来还没有准备好，而且已经接近年龄下限的情况下。如果你多给孩子一年的时间，他就不太可能在身体发育方面落后于其他人。

　　那你能帮上什么忙呢？一定要给那个男孩一个机会，让他倾诉自己的感受和这一天中发生的事情。你可以选择晚上的时间，坐在他的床边和他谈心。跟他讲你的朋友（甚至是你自己）因为矮小或瘦弱而被欺负的故事，而 10 年后在高中同学聚会上，他们比当年欺负他们的人都要高大。例如，我认识一个人，他现在是一米八几的大高个，但他在高中时连一米五都不到——看起来就像一个拿着化学书的六年级学生！后来在短短的一个夏天他就长高了 25 厘米！这样的故事并不能让孩子在这段时间内摆脱来自他人的指指点点，但可能会帮助他改变一些看法。

　　在男孩的游戏中，竞争是一种本能，当你是其中最弱小的男孩时，你肯定就是那个被欺负的对象。我还记得 16 岁时参加的一次派对。在那个年代，派对通常是规规矩矩没什么新意的，但也会有人偷偷在衣服里藏一瓶啤酒去。当时我正和几个男孩在娱乐室里玩，突然就莫名其妙地被人一拳打倒在地上。因为有人挑衅地问一个家伙敢不敢打我，于是他就打了！毫无理由！这就是男孩的世界。几乎所有的孩子都会做傻事，尤其是男孩。

　　但在男孩的世界里还会发生别的事情。在一个学年结束时，他可能看起来像一个小孩子。等假期结束他重返校园时，身高增加了十多厘米，声音也变得低沉了，看起来像个少年了。

　　发育迅速的男孩似乎能得到所有的好处，他们的外表看起来像个男人，声音听起来像个男人，甚至能引起更年长女孩的注意。他们在体育方面也有竞争优势。还能有什么弊端呢？但他们心理上的不成熟有时会让他们陷入这个年龄不该遇到的陷阱。例如，他们可能看起来成熟，说自己 18 岁也完全没问题，这就意味着他们可以开始和那些年龄更大的群体混在一起，在年龄尚小的时候就卷入一些危险的聚会当中。此外，年长一点的女孩会认为他们比实际年龄大，所以可以占他们的便宜。在这个时代，雄性并不是唯一的性掠食者。

女孩

对女孩来说，最大的困扰是在身体发育方面走在同龄人的前面。女孩通常比男孩早熟一年。如果你的女儿只有 13 岁，而身材已经发育得凹凸有致，看起来像个十七八岁的大姑娘，那麻烦可就大了。虽然她只有 13 岁的情感成熟度，但她的身体成熟度足以吸引年长的男人。因为她看起来比较成熟，她可能会认为班上的同龄人非常不成熟，她的注意力自然就会向较年长的群体转移，这可能会引发一些不好的后果。发育较早的女孩和发育较早的男孩的区别在于，女孩会被男性注意到，而大多数发育较早的男性只会从女孩那里得到匆匆一瞥。这就是为什么早一步发育的女孩风险更高。

女孩通常比男孩早熟一年。

如果你女儿的身材足以引起男性的兴趣，那你就一定要和她讨论一下为什么她的穿着打扮很重要。

父母能为看起来比实际年龄大的女儿做些什么呢？一定要注意不要让她落入比自己年长的群体中。你肯定不希望她过早约会。因此，你需要鼓励她多和同龄女孩交流。

发育较晚的女孩和发育较晚的男孩面临着类似的问题，对于发育较晚的女孩的父母，我有一些重要的建议。如果你的女儿 11 岁了，班上其他女孩都穿上了少女文胸，那就给你的女儿也买一个。无论是男孩还是女孩，体育馆的更衣室对他们来说都是一个残酷的世界。

> 所有的孩子都希望和大多数同龄人看上去差不多，而不愿意
> 因为过早或过晚发育而显得格格不入。

所有的孩子都希望和大多数同龄人看上去差不多，而不愿意因为过早或过晚发育而显得格格不入。中学生的世界尤其强调不要与众不同，一定要成为人群中的一员。如果一个孩子有痤疮，发育过早或过晚，有身体缺陷，或有一个大鼻子或大耳朵，他可能会成为一个没有安全感的孩子的出气筒。谁和其他人不一样，谁就会受到攻击和嘲笑。这种感觉永远不好受。

这就是为什么要让你的孩子对自己的看法尽量保持积极乐观，在她穿越布满青春期的诸多迷宫时，这种自信会发挥重要的作用。当她意识到自己与他人不同时，她的每一天可能都充满煎熬，而且似乎永无止境。家长应该对这样的痛苦有深刻的认识。这是一个很好的能让你回顾自己的青春期，回顾你因为与众不同而被人挑刺的时光，以及重温那些情绪的机会。

你应该溺爱和同情在某些方面与众不同的孩子吗？不，你应该向他保证，过不了多久，他就会有所改变的。倾听孩子的烦恼，在他擅长的事情上鼓励他，帮助他将注意力转向自己——内在的自己。

应对之策

心理褡裤。

穿孔

我儿子凯文 15 岁的时候是个很典型的青春期少年。有一天在吃晚饭的时候，他毫无征兆地脱口而出："我要去打耳洞，戴耳环。"

我真希望你能看到乌平顿太太当时的表情。我的意思是，她仿佛一下子失控了。她露出了恐惧的表情，给我使了个"眼色"，她好像在说："莱曼，你快说几句话呀。你听到你儿子刚才说什么了吗？他想戴耳环！"

孩子只不过是想戴一只耳环而已。

晚饭结束后，可爱的乌平顿太太又出现在我面前提醒我，生怕我会忘记似的，"凯文·莱曼，我想让你和你的儿子谈谈。"

注意，是"你的儿子"。

她继续说："你告诉他，想戴耳环是不可能的！"

大约 3 天后，我亲自出场了。

吃晚饭的时候我是戴着耳环出现的。

但令我失望的是，当我坐在那里等待小凯文的反应时，他居然根本没有注意到！他正在像头小猪一样埋头大吃。

然后我移动了一下位置，让自己坐在更容易被他看到的地方。

他先是从眼角瞥了我一眼，然后望着我，眯起眼睛说："你看起来太可笑了。"

"真的吗？"我说，"可你妈妈喜欢呀。"

现在凯文已经 30 多岁了。我想他肯定不会再去打耳洞，戴耳环了。

在正阅读本书的人中，有一些人身上有穿孔，有一些人身上有文身。你当初可是为此花了不少钱，而且你很喜欢。虽然我是个相当守旧的人，但就青少年身体穿孔这件事，我想给家长们的建议是，等你的孩子长大了，想自己付钱去穿个孔这件事其实也没什么大不了的。

在这个问题上你可以完全不同意我的观点，那没关系。如果你确实不以为然，我现在就告诉你：你在本书里看到的任何你不喜欢的东西，你都可以划掉。事实上，你可能会看到一两页你根本就不赞同的内容。我建议你把那几页撕碎。世上没有任何两个人会在所有事情上都意见一致，生活中很多事情都是见仁见智的。我只是想告诉大家，如果你想成为一名精明的家长，有时候你要把"黄牌"掏出来。

你的孩子不会停下来想："哎呀，不知道等我将来申请会计工作时，老板会怎么看待我的鼻环和唇环。"

现在我正从口袋里掏出"黄牌"，对穿孔一事给出我个人的看法。

如果你想让你的孩子看起来像一个穿了孔的怪物，而且这对你来说没问题，那就由他去吧。在一些文化中，给婴儿的耳朵穿洞是很常见的。我对打耳洞没有意见，但在我看来在其他部位穿孔就是极端的行为。

还有一些事情你必须记住。青少年生活的世界是属于他们自己的，不同于成年人的世界，他们并不真正关心成年人的世界。当青少年看见对方的形象时会说："太酷了。我也想变得和他一样！"但你的孩子不会停下来想："哎呀，不知道等我将来申请会计工作时，未来的老板会怎么看我的鼻环和唇环。"

青少年有着不同的文化，不同的语言，对现实有不同的看法。这群人不善于提前思考，不知道在身体上穿孔可能会对他们未来的生活产生什么影响。

孩子们在社会中成长得太快了。不然你为什么会看到一个年仅四岁就留莫霍克发型的孩子？你看到他的时候会怎么想？我在想："这些父母到底是怎么了？他们真的想给孩子留个莫霍克发型吗？他们是想表示'嘿，我就想让我的孩子看起来很酷'吗？还是孩子一时冲动说，'嘿，我想要莫霍克发型'，然后父母就真的傻到答应了？"不管是哪种情况，那些父母都像石头一样冥顽不灵。

家长和权威人物需要在一些事情上划出明确的底线。我的台词是"好吧，如果你想打耳洞（注意：每只耳朵上只能有一个），我觉得没问题。但当你开始在身体的其他部位或耳朵上打好多个洞，让你身上的金属看上去好像比一架超轻型飞机的配件还多，而且因为带了舌环让你吐字不清时，那一定就是有问题了"。

家长们，别忘了，对其他人来说，在身体上穿孔意味着一种态度。当大学毕业生开始找工作，并因为外貌第一次遭到拒绝时，那些引人注目的饰品会以惊人的速度消失。

应对之策

划出底线。

色情内容

假如你是一位母亲，上周你发现 13 岁的儿子正在浏览色情网站。对此你该说什么？又该从何说起呢？尤其是像你这样一位保守端庄、严肃正直的母亲，发现自己的儿子在看一些恶心到超乎你想象的色情作品时，你会怎么办？大多数母亲都会想立刻教训他一番。但这可不是一个好主意。

沉迷于色情是任何人都可能陷入的最容易上瘾的行为之一。

沉迷于色情是任何人都可能陷入的最容易上瘾的行为之一。就我个人而言，我认为它具有极大的成瘾性。你的孩子看到的那些画面是很难从他的脑海中抹去的。

人们对色情内容有多种不同的定义。但我所说的色情内容是你的孩子通过手机和笔记本电脑访问的网站。

可悲的是，互联网上的色情内容是很难轻易消失的。所以，如果你发现你的儿子沉浸其中，你会怎么做？

首先，诚实地说出你看到他浏览那个网站时有多失望："我必须告诉你真相。我原以为你不会做这样的事。现在我明白了，那是我的痴心妄想，你并不是例外，我非常失望。"

然后，先停顿一分钟让你的儿子去消化你说的话，接下来继续对他说："我很高兴看到你对异性有兴趣。但你显然不应该接触那些东西。"

注意，我选择了让妈妈和她的儿子交谈，而不是爸爸，因为显然妈妈们能更温和地与儿子谈论这一敏感话题。

最有可能经常访问色情网站的通常是那些在与异性的关系中受挫的青少年，是那些开始做春梦但不知道该如何处理的青少年，是那些刚刚开始体验到身体某些部位比其他部位更能带来快乐的青少年。

如果你的儿子想了解性，有很多书可供选择。

直言不讳地说，性犯罪是一失足成千古恨的错误抉择，这也是我把这段激素分泌高峰期称为关键期的另一个原因。

这就是为什么母子之间就什么是健康的性生活以及女孩希望被如何看待

和对待展开对话是如此重要。

所以，妈妈们，当你发现儿子对色情网站感兴趣的时候，虽然你心里会不好受，但可以利用这个机会对他进行一次性教育，告诉他性的特别之处。

但我认为，最好的性生活是发生在婚姻中的，是以两个人真正相爱、忠于彼此并心心相印为前提的。

应对之策

艰难谈话。

经验之谈

我从未想过色情会影响到我们的家庭，直到 14 岁的杰森开始用他的手机访问色情网站。他妹妹发现后告诉了我，尽管他恳求他的妹妹不要这么做。我的儿子竟然喜欢看那样的画面，这让我感到惊讶。我拿走了他的手机，命令他坐在厨房的桌子旁写一篇 5 页的论文。我允许他用我的笔记本电脑做一下研究，看看色情作品对一个人的思想和心灵有什么影响。

到了他需要去排练话剧的时候，我采纳了你的建议——哪也不让他去。事实上，我让他打电话给导演解释他为什么不去。由于他是剧中的主角，因此导演把他训斥了一顿。但我告诉杰森，在论文完成并和我做进一步讨论之前，想让生活一切照旧是不可能的（我从没见过我儿子写论文写得这么快）。

这是杰森十几岁时和我进行过的最好的谈话之一，因为他必须正视自己的所作所为，以及从现在起这将对他产生怎样的影响。他失去了一周的笔记本电脑使用权，而且不得不向老师解释为什么他不能按时完成论文，以及一个月完全不能用手机。在那个月里，我让一位手机专家删除了他手机里所有色情网站的链接，并清除了之前的历史记录。这样我就能知道未来杰森是否会继续访问这些网站。

6 个月后，我仍然非常警惕，因为我知道色情会让人上瘾。我会在他不知情的情况下不时地查看他手机上的历史浏览记录。很庆幸我们发现得还算早。

琳达，纽约

权力之争

我向你保证，如果你和你的孩子进行权力斗争，输的肯定是你，为什么呢？一个特别的原因是，在这场权力斗争中，和你的孩子比起来，你会失去的东西更多。当你们一决胜负时（当然只是一种更形象的说法），在旁边围观的人（不管是陌生人还是朋友）可能会一边盯着你的孩子一边议论纷纷："哇，这孩子太过分了，他可真不是盏省油的灯。"但相信我，他们看得更多的是你，他们心里想说："什么样的父母会让一个孩子那样做却不惩罚孩子？"

在权力斗争中没有赢家。

在社会层面，你会比孩子失去更多，他们可是只活在当下的，转头就会把一切都忘了。而你会在很长的一段时间里感到难堪。在权力斗争中没有赢家。

在本书的前面部分，我提到了不与孩子正面交锋有多么重要。不管孩子掀起了多么猛烈的暴风，任由它吹，总有偃旗息鼓的时候。你只需要把自己调成"静音"模式，耐心等待。用不了多久那个青春期孩子就会需要或想要些什么。当他提出要求时，对他说"不"。然后再次保持沉默并等待。

他迟早会问："嘿，怎么回事？你什么都不让我做。我要什么你都说'不行'。"

"实话告诉你吧，"你平静地说，"你今天早上说的话让我大吃一惊。我不喜欢你的措辞，也不喜欢你的态度，更不喜欢你脸上的表情。"

然后，你需要转身走开，因为这个时候又有一个大爆发的机会。

你真正想要的是让你的孩子"扪心自问"，并让他意识到自己说的话是伤人的、不负责任的、不尊重人的。他欠你一个道歉。现在你要坚持自己的立场，不要搬起石头砸自己的脚。在孩子道歉之前，不要让他的生活恢复如初。

顶住说出"你欠我一个道歉"这句话的诱惑。

但是，请顶住说出"你欠我一个道歉"这句话的诱惑。好好思考一下。你真的想让他只说一句"抱歉"吗？如果是这样的话，那你就将一无所获。因为道歉太容易了。

不过，如果孩子恢复了理智并主动向你道歉，至少你会因为孩子能主动道歉，而且带着一定程度的诚意而感到满意。

对男孩来说，他们的行为模式和成年男子有些相似。当一个成年男人和他的妻子在某件事上产生分歧时，他会说"对不起"，之后在男人的大脑里，这个问题已经得到了解决。但对这位女士来说，问题仍然存在。同样的道理，如果男孩平息了和妈妈的分歧，他会认为只要自己道歉了，生活就风平浪静了。所以，他当然会在道歉后回来要求获得特权。然而，对于这位母亲来说，这个问题在她的心中仍然存在。

母亲该如何弥补这种性别差距呢？和对待女儿的方式一样，你可以告诉儿子："今天不行，亲爱的。我们明天再讨论这个问题吧。"

这是一种委婉的方式，你真正的意思是"这个家庭有界限和准则。你一旦越界，就要承担后果。你现在正在体验的就是这些后果"。

应对之策

坚持立场。

隐私

每个人都需要隐私。父母是如此，孩子亦是如此。

对你的孩子来说，他的房间就是自己的领地，这相当于城堡中的城堡。为了让孩子觉得这是他们的空间，有些父母做得非常极端，孩子们甚至可以在墙壁上胡乱涂鸦。在我看来，这虽然有点过了，但是给孩子留有自己的空间是正确的。孩子的房间就是他的房间，这意味着他需要负责维护房间里的一切，比如打扫卫生，把要洗的衣服放到篮子里，而且要勤于这样做。

在这样的隐私空间内，你的孩子会写作业、写日记、发邮件、上网，等等。

父母们经常在研讨会上问我："我可以通过偷看我孩子的房间、笔记本或日记，了解他在想什么吗？"

基本上，我的回答是否定的。你的孩子需要他的隐私。

"应该窥探吗？"

但是，如果你 17 岁的孩子突然手头有了很多现金，正在买你知道你没有给他钱买的东西，而他并没有在外面打工，你怀疑他可能在做坏事，那你的怀疑可能是正确的。

那你应该窥探一下吗？

绝对应该！

你也许想问："如果我担心我的孩子参与了某种非法活动，我应该打探一下情况吗？"

是的，我同意你这样做。

"但窥探不会破坏感情吗？"

是的，这有可能影响父母和孩子的感情，但是孩子被逮捕、学业中断、锒铛入狱也是可能的。你真的希望你的儿子或女儿留下犯罪记录吗？

你愿意花几千美元为一个因犯罪而被捕的人辩护吗？

所以，相信你的孩子，给他隐私，并尊重他的隐私。有时孩子只是需要一个地方来放松，思考生活的意义，希望能发信息、打电话、不受打扰地做作业。但有时父母的直觉会告诉你有些地方不对劲儿。在这种时候，你需要像警犬一样，嗅出问题出自哪里。这有时意味着不得不违背你在家里建立的基本信任和隐私界限。

应对之策

相信直觉。

拖延

1985 年，我创作了一本名为《出生顺序书》（*The Birth Order Book*）的畅销书。当时我花了很长时间才说服出版社相信人们会对出生顺序感兴趣。从 1966 年起，我就一直在谈论这个话题。1974 年，我获得了博士学位，那是在《出生顺序书》出版的 11 年前。1985 年，我当时是一档很火爆的脱口秀节目的嘉宾。我在那个节目上的出现让那本书挤进了畅销书榜单的前十位。

有趣的是，那本书中最吸引读者注意的部分是拖延症。我在书中讨论了这种行为的目的性（它的存在是有原因的），对此我给出了一些解释。其中的一个解释是，有拖延症的人通常是在一个充满批判眼光的家长陪伴下长大的，这样的家长在生活中事无巨细都有要求，对生活尤其是对孩子的生活该怎样过一丝不苟。他们是那种对孩子的表现永远不满意的家长。不管孩子做得多好，总是与他们期望的目标差一截。他们从不放过任何一个告诉孩子如何做得更好的机会。这样做的结果就是，父母的挑剔本质融入了孩子的生活，影响了孩子看待自己的方式——觉得自己永远都不够好。

当我解释这一点时，所有读过我的书、听过我演讲的成年人的头脑里都灵光一现。"哇，那不就是我吗。我开始了很多项目，但都没有完成。当我头脑发热的时候，总是干劲儿十足，一旦冷静下来就觉得自己几乎毫无用处。当一个项目刚开始的时候，我会以创纪录的速度在短时间内完成 90% 的工作，并且做得非常出色，但之后我就会停滞不前，导致任务最终没有完成。这是为什么？"

我的解释是，"这是因为你害怕被评价，更具体地说，你害怕被批评。所以你的思维过程是，'如果任务没有完成，我就不会受到批评。我可以对自已说个谎，说如果我有更多的时间、精力或别的什么，我就能完成了。'"

仅就书中的这一部分内容，我就收到了成千上万名读者和听众的反馈。这充分说明了我们中有多少人与挑剔的父母生活在一起。

所以，家长们，如果你的孩子是一个拖延症患者，所有的事情都必须由你逼着去做，可能和你"鸡蛋里挑骨头"的能力有莫大关系。

我们每个人都有缺点，所以从你孩子身上找出一个来并不难。

相信我，我们每个人都有缺点，所以从你孩子身上找出一个来并不难。但如果你的孩子正在为你的挑剔付出代价，比如什么也不做、做什么都不成功、每天都拖延，等等，那就是时候做出改变了……我说的是你，家长。

否则，这些青少年终将长大成人，到必须独当一面的时候却将一事无成。那些从一份工作换到另一份工作的人，每一次都对自己说谎："这次我一定会大显身手。"但他们从来没有大显身手过，而是继续遭受消极思维的折磨。

这就是为什么你对孩子说的不同的话会带来天壤之别。

应对之策

注意措辞。

叛逆

要叛逆，就得有叛逆的对象。当青少年被困在极端的环境中（要么太专制要么太放纵）时，他们往往就会变得叛逆。在一个家长管教合理、家人和谐友好、父母愿意倾听子女的心声并予以尊重，以及子女能承担自身责任的家庭里，孩子变得叛逆的概率几乎为零。

你愿意一直被人呼来喝去地支使吗？换作是你也会奋起反抗吧！

会在孩子心中激起叛逆的是他生长的环境。如果家长总是命令孩子做这做那，那就是叛逆行为的前奏。毕竟，你愿意一直被人呼来喝去地支使吗？换作是你也会奋起反抗吧！

我很喜欢浪子回头的故事。我之所以喜欢，是因为它模拟了家庭关系，我一直喜欢有幸福结局的故事，即使开始的时候确实有点不愉快。

在故事的开头，弟弟厌倦了每天在父亲的土地上辛勤劳作。他说："你知道吗？我讨厌这个地方。我受够了被人驱使。这日子过得太没意思了。我要走了。我现在就去向父亲要我的那份遗产。"

令人惊讶的是，父亲给了小儿子应得的那份财产。你能想象那位父亲听到儿子的抱怨时在想什么吗？他得有多心碎啊？

儿子动身到遥远的地方去了。这意味着这个浪子—— 一个犹太人——去了一个非犹太地区。换句话说，他想离家越远越好，这表明这个孩子对家非常厌恶。

事实上，他还没准备好就走了，这是我喜欢这个故事的一部分原因，因为它反映了当今社会的现实。我父亲过去常说"老糊涂才是最糊涂"，可我觉得在很多情况下应该是"小傻瓜才是大傻瓜"。

让我们回到那个自以为是的小儿子的故事。他有了很多钱供他挥霍，雄心勃勃地想要大干一场。他参加各种聚会，过得逍遥快活。我猜他的生活肯定充斥着美酒佳人，夜夜笙歌。

但有一天他的派对生活戛然而止，因为他的钱用完了。他发现连父亲的农场工人都比他的日子过得滋润。当时他正在喂猪，对于饥肠辘辘的他来说，就连喂猪的泔水看起来都很美味。

这个孩子认为自己很酷，但正如俗话说的"好景不长"。

这个孩子认为自己很酷，但正如俗话说的"好景不长"，这个浪子的确走到了尽头。他把自己拥有的一切都挥霍殆尽。所以他决定回家乞求父亲的原谅。

我喜欢这个故事的另一个原因是当父亲从远处看到儿子时的反应。他会不会说："我真不敢相信我的眼睛。看看这是谁终于舍得回来了！你这是在大城市里过腻了吗，是不是，大人物？"

不，故事不是这样发展的。据说，当时父亲跑向了儿子——他从远处看到他，就径直朝他跑去。不仅如此，他还深情地拥抱了这个儿子，叫仆人给他穿上长袍，戴上戒指，并为他举行了一场宴会。他牵出一头肥牛犊，庆祝儿子重返家园。

仔细想想，这难道不是真爱吗？

那位家长完全有权说："唉，自作聪明的家伙，你在现实世界中受到教训了吧？"他本可以轻而易举地把这个儿子贬低到尘埃里。

但他没有，他张开双臂欢迎儿子回家。

然后另一个儿子进来了，他一直在农场和田地里狂热地工作，做着他应该做的事情。当他发现父亲要为弟弟举办一个盛大的宴会时，不由得勃然大怒道："父亲要为我那个一无是处的弟弟举行盛大宴会？就是那个逃避责任，留下我独自苦苦支撑这个家的人吗？你在开玩笑吧！为什么从来没有为我举办过这样的宴会？"

这不正反映了如今很多家庭的现状吗？

不过，在结束这一小节之前，我需要和那些做得无可挑剔但最终还是养出一个浪子的家长谈谈。尽管在家里接受了所有应得的教育，但有些孩子会发自内心地拒绝这些价值观。在我去过的每个城镇，我都遇到过这样心碎的父母。他们都是好人，尽了自己的本分，但他们的孩子却在什么地方出了岔子。那孩子就像故事中那个浪子一样一意孤行地说："我要离开这里。"

朋友们，这种选择叫作自由意志。当我们来到这个世界上时，每个人都有属于自己的自由意志。

同样，你的孩子也有自由意志。是接受你教给他的东西，还是否定你的价值观，由他自己决定。那不是你能控制的。

但你可以选择去爱这个愿意回头的浪子——不管他是近在眼前还是远在天边。宽恕是一件美妙的事情，对双方而言都是如此。

应对之策

给予孩子无条件的爱。

经验之谈

当你在最近的一次活动上谈到"浪子"的话题时，我简直不敢相信自己的耳朵。感觉这些话就像是特意对我说的一样。我女儿在 16 岁时曾离家出走，一年后才回到我们身边。但一想到她的所作所为，以及她给我们带来的悲伤和痛苦，我就难以接受她回家的事实，尤其是我的妻子。浪子回头的故事我已经听了几十遍了，但这一次它狠狠地击中了我的心灵。我没有像其他父亲那样高兴地欢迎女儿回来，反而表现得像那个心怀怨恨的哥哥。这是我的女儿，我是她的父亲！后来，我直接去找我女儿，告诉她我为从前对待她的方式感到非常抱歉。

那是一个月前的事了。我知道我们还需要时间，世上没有一蹴而就的事情。我们的关系仍然有点僵硬拘谨，毕竟有多年糟糕的关系问题需要解决，但至少现在我们开始信任彼此了。谢谢你一针见血式的直言不讳。我是真的、真的需要这样的当头棒喝。

埃文，佛蒙特州

不干家务

如果你的孩子在家里什么家务都不愿意干，那他也不应该享受作为家庭成员该有的任何好处。只给他面包加水的待遇就够了。

只给他面包加水的待遇就够了。

如果他在家里什么都不做，在学校也很有可能什么都不做。所以，你不

用给他钱让他在学校买午餐，你也不应该给他带便当。让他自己从冰箱里随便找点什么食物带去学校吃吧。

让你的孩子回到最低生活标准。他拿不到零用钱，因为他没有履行家庭成员的义务。如果他的房间里有电视，把它收走。如果他有笔记本电脑，把它藏起来。如果你给他买了手机，或者你每月给他交话费，这些也都取消了吧。如果他之前有开车的特权，现在也别想摸到方向盘了。

除了电、水和晚餐（如果他按时坐在了餐桌前，那就一起吃；如果他没赶上饭点，那就没得吃），以及一个可以躺下睡觉的地方以外，无须为他提供任何其他东西。

更好的做法是，你事先不要和他讨论要拿走这些东西的事情。你只需要直接付诸行动。

如果你的孩子还有头脑的话，用不了多久他就会质疑发生了什么。

现在是可以趁机进行教育的时刻了。你可以对他说："从我的角度，看得出你对家里发生的事毫不关心，我觉得这是对我们所有人的不尊重。所以在你决定为这个家庭做点贡献之前，你只能有一个地方睡觉，有热水洗澡，也可以和我们一起吃饭，但前提是你能准时坐在餐桌前。还有，你不能开家里的车。"

能让他维持基本生活就够了。如果你的孩子很固执，他会想："好吧，让我们看看这能持续多久。我只需要忍受一段时间，等到爸爸妈妈放弃为止。我是不可能去倒垃圾或做任何其他家务的。"

有些孩子会长时间玩这种游戏，因为他们非常固执或非常懒惰。还有一些孩子这样做是因为他们在逃避生活，感到挫败，或者有精神疾病。如果你怀疑这三种情况可能发生在你的孩子身上，请去寻求专业帮助。有时你必须进行干预。

如果孩子只是固执或懒惰，那他们迟早会攒够动力去做事情的。他们不会一直对家里的事情不闻不问，也不会真赌气自己动手准备上学的午餐。

当有机会的时候，和孩子谈谈。你可以说："如果你想聊一聊，我洗耳恭听。我无权插手你的人生，但我想帮助你。"

再次强调，把球交给你的孩子。不要喋喋不休地说教，也不要在后面一路推搡。当然更不应该拿着喷壶趴在他身上，不停催促"绽放吧，宝贝，绽放吧"。

有一天你的孩子会发现："嘿，什么也不干真的不行啊。我最好还是爬起来干点什么吧。"

所以要耐心等待（再煎熬，再揪心也要忍住）。在孩子心甘情愿地成为一名有贡献的家庭成员之前，他们想看看是不是能得到什么额外的好处或奖励。

有时候只能让他们活得身无长物，才能让他们大彻大悟。

应对之策

家是责任。

责任

我想告诉大家，如果你的孩子在 5 岁、8 岁或 10 岁时没有责任感，那么她在 14 岁或 16 岁时也不会有责任感。一个没有被教导要负责任的孩子是不会负责任的。

　　家长们，你的孩子是否有责任感完全取决于你。如果你一直睁一只眼闭一只眼，不断找借口为孩子开脱，或者替孩子把他的人生道路铲平，现在你和你的孩子就要为此付出代价了。你必须马上开始行动，特别是如果你的孩子已经十五六岁了。

　　生活总有办法让你的孩子负起责任来，包括你们所在州的州政府、机动车辆管理部门、警察、孩子的中学老师或大学教授、校长、导师以及所有有权管他的人。所有人都会对孩子的不负责任做出负面反应。

　　我从来没有刻意让任何父母感到内疚，但如果说有什么理由必须这样做的话，那就是在这个问题上。所以生出一点点负罪感吧，家长们，如果你允许自己的孩子不负责任，那你就是咎由自取。

　　责任是人生中的一件大事。如果你的孩子为了逃避自己应该承担的责任在不同场合说谎、推诿、发脾气、坑蒙拐骗，那么是时候做出改变了。如果你的孩子现在还学不会承担责任，那她什么时候才能学会呢？

　　孩子越小，他们的可塑性就越强。他们年龄越大，你的任务就越难以完成。但是，家长们，你必须这么做，因为你别无选择。如果你不这样做，你、你的孩子和他们身边的其他人将为此付出代价。

应对之策

种瓜得瓜。

学业不佳

　　孩子在学校的表现不会突然变差，这种情况通常从小学时代就开始了。

从那以后很多事情就越走越偏了。例如，如果孩子们四年级的功课没有学好，没有人会停下来说："嘿，你需要重读四年级。"这种忽视会使孩子的成绩越来越落后。就像成年人如果长期不刷牙，很有可能最终患上牙龈疾病一样。虽然有些疾病是可逆的，但通常患者需要接受一些昂贵且耗时的精密手术。

有些孩子在学术上不开窍，但他们非常擅长动手。然而，我们生活在一个"学术型人才是人生赢家"的社会。那么，那些精通机械但在公立学校的前十年都没有取得成功的孩子该怎么办呢？我们能指望他们在高中三年级突然开窍吗？我不相信这种情况会发生。

但这并不意味着你什么都不用做。你可以尝试用各种方法来帮助一个真正想要改变的青少年，比如请家庭教师在假期或课后给孩子补习，等等。教育系统通常有能帮助那些没有达标的孩子的措施。

我记得我在成长的岁月里一直热爱运动，每个赛季我都会参加比赛。即使我是一个运动狂，但运动也没有给我足够的动力让我在学习上更努力。

一种怀念、不舍的感觉沿着我的脊椎传遍全身，让我微微颤抖。

我一直浑浑噩噩地混日子，直到"升学日"来临。当时所有班级都在礼堂里，全体学生都站了起来，每个班级从他们原有的位置转移到新的位置，我这才意识到自己哪儿也去不了。我们高年级学生唱了一首歌，主题是"我们的黄金时代即将结束"。我当时的感受有点奇怪，但我永远不会忘记那种前所未有的体验。一种怀念、不舍的感觉沿着我的脊椎传遍全身，让我微微颤抖。当时我想："现在我该怎么办？"

就在那一刻，我开始有了为未来打拼的动力。

离新学期开始只剩 9 天的时候，才有大学录取了我。录取条件是只需修满 12 学分。就在这时，这个在学校一直表现很差的男孩终于开始认真起来。

当一个孩子不在乎学业时，要激励他是很难的。但我敢保证，当真正有了动力之后，他就会拼命学习证明自己。

这一点我深有感触。

当我回顾过往的生活时，有一件事是始终不变的——我有爱我、相信我的父母。别忘了，他们其实没有相信我的理由。毕竟，从被踢出童子军、用霰弹枪打掉圣诞树上的传家宝并把责任推诿给猫这样的事情上，完全看不出我能有什么大出息。这就是为什么我总是试图向我的父母致以最特别的敬意（现在他们都在天堂），因为他们值得我这样做。我很感激他们能活到看到小儿子获得博士学位的那天。

无论如何，家长们，不要动摇你对孩子的信念。

应对之策

大器晚成。

自我价值

让青少年感觉自己有能力（对自己和自己能完成的事情充满信心）是件好事。每个孩子都应该在健康的自我评价中成长，了解自己在性格和天分方面的长处和短处，在世界上找到并守护自己的位置。毕竟，了解自己的优势和劣势是非常重要的。好的婚姻通常处于较好的平衡状态，夫妻中一方在某一方面很好，另一方在另一方面很好。如果他们都有相同的技能，那么其中一人就不需要了。多样性是驱使世界运转的动力。

要让你的孩子明白一点，那就是他可能会在某些领域出类拔萃……而在其他领域则不然。他的天赋可能会让他在某些领域出人头地……而在其他领域则不能。但如果他的内心踏实笃定并对自己有充分的理解，失败就不会把他打倒，反而会激发他的斗志。

但还有一点我想说清楚的是，我认为"自我价值"这个问题在美国社会中被矫枉过正了。造成的结果是，我们培养出的孩子把奖励视为他们应得的权利。现在对权利的看法有一个不可调和的矛盾，因为只有在不损害他人权利的前提下，你的权利才能成立。相互尊重是关键，遗憾的是，这种尊重在当今的美国家庭中并不常见。我们养育出来的这一代孩子对生活持有的态度是"你欠我的"。

我们正在培养一些把奖励视为自己应得的权利的孩子。

如果你希望孩子在离开家独立的时候，懂得尊重他人，尊重他人的想法，懂得平等对待每一个人，无论其性别、种族、年龄或体型，那你就应该趁着他们还在你羽翼之下的时候，向他们示范何为健康的自我价值。健康的自我价值是尊重他人，勤奋努力，承认自己的失败并笑对它们。如果你能正确看待事物，你的孩子也会如此。

对一切保持健康合理的态度，这意味着你要脚踏实地，这样你的孩子也会脚踏实地。孩子做得很好的时候，鼓励他："哇，你得了 B！我知道你为了科学课的考试学得很认真。你肯定对自己非常满意。这都是你通过努力取得的成果。"但不要过分赞扬他说："哦，约翰尼，你是最厉害的足球队员！"你的孩子会知道你在吹牛，因为他亲眼看到有人比他踢得更好……几乎在每一个领域都是如此。

一定要让你的孩子意识到，他只是这个世界千千万万个人中的一个。他的角色很重要，但其他人的角色也很重要。他是家庭中的一员，没有人能凌驾于这个家的规则之上。每个人都要投入，每个人都要帮忙。

应对之策

适可而止。

性行为

说实话，现在不同于我儿时的那个时代了，约会的形式已经发生了很大的变化，当初我们对约会的概念是两人分享一个 39 美分的汉堡。我还记得我们结婚前要验血的事。我可爱的妻子很天真，她问抽血的人："我们到底为什么要这么做？"

"哦，"技师回答说，"因为我们得看看你是否患有性病。"

我妻子的眼球在震惊中迅速转动，然后她勉强地说："哦，哦，好吧……我可以告诉你，我没有。"

2011 年 1 月，艾伦·古特马赫研究所（Alan Guttmacher Institute）发布的报告称：

在美国，尽管只有 13% 的青少年在 15 岁之前有过性行为，但这在 15 ~ 20 岁的青少年中是很常见的。到 19 岁生日时，约有 7/10 的少男少女有过性行为。平均而言，年轻人约在 17 岁左右发生第一次性行为，但直到

25 岁左右才结婚。这意味着在近 10 年的时间里，年轻人意外怀孕和性传播感染的风险很大。

据某一网站报道，男性和女性初次发生性行为的平均年龄大致相同。不过他们还提供了一些有趣的参考资料：

14 岁时和双亲住在一起的孩子，发生初次性行为的时间比其他家庭环境中的孩子较迟。

大多数女性初次性行为的对象是比自己稍年长的男性，大多数男性的初次性行为往往是与自己年龄相仿或更小的女性。

在十几岁的女孩中，发生初次性行为的年龄越小，伴侣的年纪就比她大越多。

我相信你们绝不希望自己的女儿成为性侵的对象。但这就是可能会发生的事情。

好吧，有女儿的家长们，我相信你们绝不希望自己的女儿成为性侵的对象。但这就是可能会发生的事情。当然，性除了能带来快乐之外，还会传播各种性病。

现在美国的青少年动不动就说"哦，她太性感了"，这挑战了社会的底线。在如今的时代，侵犯者不只是男性，女性同样具有侵犯性。

很明显，家长们，社会上所有关于性的界限都被移除了，电影、音乐、电视以及图像用感官娱乐的方式轰炸着我们的孩子，迫使他们过快成长。

数字最有说服力。现在的青少年在性方面有多活跃呢？也许最可靠的数据来源是美国疾病控制和预防中心。根据报告，在 2001 年，在美国的 9 年级到 12 年级的学生中，有超过 1/3 的男生和女生有过性经历。

不同研究的数据不一定完全一致，但本质是明确的。青少年将面临发生性行为的压力，而且是紧迫的压力。那么，作为家长，你要如何让孩子为这一刻做好准备呢？

如果你在孩子 9 岁之前还没有和她谈论过性，那你们可能在以后也很难谈起这个话题了。如果你的孩子确实在青春期有性行为，这可能处理起来也会比较麻烦且尴尬。

> 如果你想避免让孩子过早体验性行为，你需要把这种意识灌输到他的头脑里：这是错误的，这对我没有好处。

家长们，你不可能一天 24 小时盯着孩子，尤其是在美国，孩子 16 岁就可以开车了。这就是自由的时代，他们兜里有了更多的钱，有车可以开，可以去偏远的停车场……如果你想避免让孩子过早体验性行为，你需要把这种意识灌输到他的头脑里：这是错误的，这对我没有好处。

但怎样才能让你的孩子有这样的意识呢？尤其是在当今这个世界，双方初次或第二次约会就很有可能发生性关系。

一定要让你的孩子了解为什么最好不要与非结婚对象发生性关系。因为如果不这样做，他除了可能需要承担患性病的高风险外，还有可能面临着巨大的情感痛苦。只有在婚姻关系中，双方有彼此忠诚的承诺，爱才是真正的爱。那时，也只有在那时，性才是"安全的"。

要告诉你的孩子性多么美妙，多么令人兴奋。他需要从你这里知道真相，也需要知道现实的情况。如果你没有告诉他，而他从一位朋友那里听到对方描述星期五晚上的"得分"有多高，那么他可能会想："嘿，我的父母在说谎。"但如果你告诉孩子："哇，性是一种完全值得等待的美好体验！"

那么你就是在向他表明，你并不是来自古代的"老顽固"，你确实理解他们的情感和性冲动。但这一切都取决于合适的时间、合适的地点、合适的人，即在维系一生的婚姻中。

再次强调，这个时候你是孩子的搭档，你需要全心全意支持他们而不是反对他们。把事实直接告诉他们，而不要含糊其辞让他们去猜，不要尴尬、闪躲、顾左右而言他。父亲需要和女儿谈谈，母亲需要和儿子聊聊。还有谁比一个爱你的异性更能直接告诉你异性在看什么、在想什么呢？

我一直说，我们最好的性器官是我们的大脑，我真的相信这一点。当你在真正的爱情里，在一段忠诚的关系中成长的时候，你与对方的心是紧紧相连的。

"我们应该允许孩子在约会中进行到哪个地步？"答案很简单：一直穿着衣服。

教你的孩子用聪明的头脑去思考自己的人生，这样他就会更独立、更有主见，而不会被那些以利用和虐待他人为人生使命的人所伤害和打击。

性是神圣的，它应该被如此对待。用其他任何方式来对待它都是在玩火。

当我和家长们一起举行研讨会时，他们经常问我："我们应该允许孩子在约会中进行到哪个地步？"答案很简单：一直穿着衣服。

这个简单的解决方案解决了很多问题。

确保你的孩子相信性是值得等待的。婚姻之外的"得分"只会导致内疚、背叛以及关系的破裂，让你成为某人风流史的一笔烂账，而不是你未来终身伴侣眼中的小星星。

应对之策

穿好衣服。

经验之谈

我是在一个不谈论性或任何"隐私"的家庭长大的，谈论这些话题会让我感到极度不自在。我一直认为性是隐私，所以我花了很大的勇气和儿子谈论性，告诉他女孩想要什么（以及不想要什么），为什么性值得等待，等等。不过我知道你是对的，我不能把责任推给我丈夫。还有谁比女性更适合和男性谈论女性呢？

那次经历过后，我花了两天时间才恢复过来，但我儿子似乎泰然自若。当我听到他和 9 岁的弟弟说话时，我知道消息已经传开了。他说："是啊，妈妈刚跟我谈了关于性的问题。她还说了很多令我惊讶的话。比如性有多棒，为什么值得等待，一直到结婚。"这显然也引起了他弟弟的兴趣，因为第二天亚历克来找我说："嗯，妈妈，我在想，也许我们是时候谈谈关于性的话题了……"现在我这个当妈的已经不是那个胆小鬼了。

玛琳，爱达荷州

入店行窃

你必须对入店行窃行为有所了解。警察、商店的零售主管和法官有一种专门对付商店扒手的简单方法。所以，如果你接到警察局的电话说你的孩子因为在商店行窃被拘留了，而且证据确凿，你可以要求和你的孩子谈谈（如果打来电话的不是她的话）。你可以告诉他："亲爱的，我为你感到难过。你让自己陷入了如此可怕的困境。"

我知道你想把他保释出来，但别马上这么做。这段难熬的日子会让他吸取更沉重的教训，更深刻地反省一下。

让孩子自己去承担后果吧。

这段经历会给你和你的孩子带来切肤之痛吗？当然会。

但你们会有一个圆满的结局吗？是的，你们会有一个很棒的结局。如果一个青少年不得不自己承担后果，那么这很可能是他最后一次入店行窃。

应 对 之 策

敲响警钟。

手足之争

让我们回到 1985 年，当时我向出版社提交了一份书稿，我最初起的书名是《阿尔贝的报应》。"凯文，"编辑说，"你不能用那样的书名。"

"为什么不能？"我说，"它很有家庭的味道……真的。"

"哎呀，不行。"编辑说。

"好吧，好吧，"我像小孩子一样要赖，"那你来为这本书取名吧。"

所以他们想出了一个非常具有煽动性的书名——《出生顺序书》。

祝福每一个独具创造力的长子长女和独生子女。

但我的观点一直没变。自从夏娃生下该隐和亚伯兄弟以来，兄弟间的竞争就一直存在。这两个人就像白天和黑夜一样截然不同，他们让夏娃想在家里维持和平的愿望变得特别难以实现。他们一直是竞争对手，直到最后痛苦的一刻……他们因为嫉妒而杀了对方。

手足之争源于互不相让，它充斥着"我比你大""我比你强"和"我要让你看看我有多厉害"的味道。如果有家长在一旁观战，那就更是火上浇油。

手足之争一定会爆发。问题不是"会不会"，而是"什么时候"。当这种情况发生时，父母该怎么办？

- 不要卷入纷争。让不和的兄弟姐妹自己去解决。
- 尽快把争吵的两人关在一个房间里，如果住在气候温暖的地方，把他们赶到屋外去。
- 告诉他们："我希望你们自己解决问题。我不想再听到你们争吵了。"
- 告诉他们："如果你们不自己解决这个问题，那就用我的方式来解决，到时候的结果你们谁也不会喜欢。"

你的孩子会试图将你卷入这场你完全没必要卷入的战斗中。

对我来说，孩子们的争吵会让我想起两只在河边玩耍的水獭。它们互相拍打、你追我赶。当打斗过于激烈时，其中的一只（或两只）会去水里游泳休息一下。

他们争吵的目的是什么呢？是他们真的不喜欢自己的兄弟姐妹吗？有可能。但更有可能是他们并不是每时每刻都喜欢自己的兄弟姐妹。24 小时和任何人待在一起都会觉得烦。

但问题的关键是竞争。争吵是一项"竞技运动"。你的孩子们会你一言我一语地拌嘴，试图让你参与他们的竞争。这意味着他们的争吵实际上是一种合作行为。

聪明的父母会把争吵的兄弟姐妹从公共区域赶走，让他们待在一个单独的房间里。如果你住的地方气候温和，最好让他们待在室外。因为这可以明明白白地告诉你的孩子，在这个家里骂人是不被允许的。如果他们要争吵，那么可以到房子外面去，在你听不到的地方吵。

所以，当你把他们推到门外时，你可以这样说："我很失望，你们已经是十五六岁的人了，却还像小孩子一样追逐打闹。换点新花样吧，你们两个该长大了。你们现在就出去把这个问题解决了。如果你们继续为游戏机的事争吵，我会插手解决的。但你们谁也不会喜欢我的解决方案。"

然后你可以紧紧地关上门。让他们在你听不到的地方进行战斗，这样可以让你家里保持安静，你也不会再生气上火了。如果你的孩子们明白互相谩骂会被赶出门外，他们就不太可能再这样做。

让和平主宰一切。

你的孩子会试图将你卷入这场你完全没必要卷入的战斗中。他们的争吵是一种"目的性行为"，其本质是把你拉下水，让你充当法官，在你面前陈述自己的理由。

但是，家长们，不要那样做。不要被他们牵着鼻子走。

相反，把他们转移到一个可以让他们自行处理纷争的房间。然后坐下来拭目以待，不出意外的话，他们在一分钟内就会离开那里，然后回来继续努力把你拉下水。

这时你只需要再次把他们送回房间去。不要理会他们的跺脚、大叫和谩骂。一定要认识到孩子们的很多纷争都是为了从你那里获利，他们想看看熊妈妈或熊爸爸是否会介入。当你不予理睬的时候，你会惊讶地发现整个环境都变得安静多了。

你只需要袖手旁观就可以了。

应对之策

袖手旁观。

睡不够

毫无疑问，在青春期的那几年孩子会很累。医生可能会告诉你，处于生长高峰期的青少年需要更长时间的睡眠，这是他们的身体发育所需。此外，青少年在日常生活中可能非常情绪化，睡眠可以帮助他们重组大脑和保持清醒。

在青春期的那几年孩子会很累。

让这些业已存在的现实问题变得更复杂的是，许多青少年往往具有浣熊一样的品质。在美国，他们会熬到半夜才睡，尤其是放暑假的时候。

上周劳伦待在家里没有去上学，因为她感冒了，感觉不舒服。下午两点半的时候，我终于听到她在卧室里发出了动静，于是我去敲门，打开门后发现她还躺在床上，用胳膊肘撑着身子，正在看着电视。

"劳伦，"我说，"我给您拿点早餐好吗？您要在床上吃早餐吗？顺便说一下，学校打电话说您已经迟到了好几个小时……"

这是我用自己的方式温柔而幽默地告诉我女儿："我的天啊。现在已经是下午两点多了，你居然还在床上！"

请注意，我并没有进去说："如果你感觉好到可以躺在床上看电视，那为什么不去上学？"

幽默是莱曼家族的生活方式。你可能不擅长幽默，但我想表达的是，你必须找到某种方式，让你的孩子知道你爱他、关心他，而不是让他觉得你是个爱对人指手画脚的人。如果你的孩子感觉不到被爱，他可能就会嘴上答应得好好的（因为如果他不这样做会有其他的后果），但口是心非。

所以，当你的孩子睡很长时间的时候，问问自己："孩子是在长身体吗？他的裤子变短了吗？他的声音变得越来越低沉了吗？"

如果是的话，让孩子在他需要的时候睡觉。对他的日常活动进行合理的调整，让他能多休息。

但是，还有一些孩子长睡不起是因为懒惰，是想逃避令人不堪重负的生活，或者是抑郁的开始迹象。如果你有这方面的顾虑，问问你自己："他还在完成他在家里该做的事情，承担他的责任吗？他表现得沮丧或抑郁吗？他看上去像是无法应对生活了吗？"

这时就需要父母介入，根据具体情况去解决问题了。你可以带他去医生那里检查一下，看看是否有其他问题。如果没有，那就由着他睡吧，等他完全清醒了再和他互动。

再次强调，要顺利度过孩子青春期的那几年，最关键的就是成为孩子能信任的搭档。

应对之策

由他去吧。

夜不归宿

如果你认识和你家孩子一起玩的青少年，知道他们与父母之间有一种相互信任的健康关系，而且你们两家经常去对方家中作客，那让孩子去这样的朋友家过夜没什么大不了。但这种情况发生得过多（例如，连续两次留宿）就不好了，而且孩子正在长身体，需要补充睡眠，夜不归宿会消耗他们的精力。当然，星期五或星期六晚上去朋友家留宿最合适，因为孩子们第二天不用上学。不过，在青少年时期和异性一起过夜从来不是一个好主意，因为这是激素分泌高峰期，可能会发生"本不应该发生的事"。

> 在国际象棋的棋盘上，最聪明的一步棋总是经过深思熟虑的。

所以，当你的女儿找你说要出去过夜时，你的第一个问题应该是"去哪儿"。你要弄清楚她留宿的那家是不是她经常去的，是不是让她感到舒适自在的，那家的父母你是否认识，她玩耍、睡觉的地方你是否了解。

你的第二个问题应该是"和谁"。如果你不太了解这位朋友以及对方的父母、兄弟姐妹，现在正好趁机打消她的这个念头……除非让这位新朋友到你家来过夜，而且对方的父母也愿意让他们的孩子来你家。

但是，不要对你的孩子或其朋友的话深信不疑，你要做到对一切心里有数。如果你的孩子在外过夜，一定要做一名精明的家长，让孩子经常给家里打电话报备。这样的电话能让你了解到各种具体情况：有没有家长在家里坐镇；是否一切都是按原计划进行的；有没有你的孩子不认识的其他人在场。

在国际象棋的棋盘上，最聪明的一步棋总是经过深思熟虑的。在莱曼家，在外留宿是一种特殊待遇，而不是正当的权利。孩子们的每一次外出过夜都是经过反复思考和权衡的。

应对之策

必须报备。

经验之谈

我喜欢你关于孩子在外过夜的建议。我们决定，在女儿12岁之前不让她在别人家过夜，等到她12岁之后再考虑。我们拒绝了好几次邀请女儿留宿的提议，因为我们不太了解其他孩子或他们的家庭。很庆幸我们这样做了。现在女儿14岁了，她找到了一群与自己背景相似的好女孩，当女孩们聚在一起的时候，我们这些做父母的每周也会聚几次。两年后，我们拜访了彼此的家，分享了彼此的困难、工作上的烦恼以及各自的梦想。

就在上周，女孩们第一次在我们家过夜，她们都玩得很开心。有趣的是，她们都在睡觉前不约而同地给父母打电话报备……即使我并没有唠叨她们要这样做。

阿曼达，伊利诺伊州

吸烟

当看到青少年吸烟时，我感到很惊讶。我们这代人小时候也有吸烟的，但当时我们很愚蠢，而且没法和今天的青少年一样轻松地了解关于吸烟有害健康的常识，比如它会如何引发肺癌和肺气肿，并缩短寿命。这样的信息应该足以让任何人停止吸烟了。但我也亲身体会到，吸烟的习惯是很难改变的。

> 曾经吸过烟又戒掉的人可能是最坚决的反吸烟斗士。

十几岁的时候，我曾偷偷将我父亲留下的烟头带走，他抽的是一种味道浓烈、没有过滤嘴的"好彩"香烟。我会把它们藏在口袋里，在上学的路上抽。还有几个和我混在一起的孩子，他们的父母居然允许他们在家里吸烟……他们当时才 15 岁呀！

所以，我少年时也是个小烟鬼。但是像我这样曾经吸过烟又戒掉的人可能是最坚决的反吸烟斗士。

如果我有个吸烟的孩子，我肯定会想把他的坏习惯扼杀在萌芽状态。吸烟不仅对你孩子的健康有害，而且对所有不得不忍受二手烟的人也非常有害。但现在你的孩子已经十几岁了，你说的任何话都可能被用来对付你自己，因此喋喋不休地谈论吸烟的害处可能不会达到让孩子戒烟的目的。不过，你可以带着孩子一起去拜访你的家庭医生（当然，你已经提前向他透露孩子正在吸烟的消息），这样他会帮你把想说的话说出来。你还可以带着孩子和孩子尊敬的其他人出去吃顿饭。

还有另一种从源头切断的方法。香烟要花很多钱。你的孩子从哪弄到钱来维持吸烟的习惯？是你给的钱吗？还是用他的零用钱？还是他通过打工所得？如果是这样，你可以切断他的经济来源。是的，即使这意味着你要通知他的雇主你不再允许他外出工作。记住，家长们，这都是为了让孩子有所改变。如果你想改变，那就必须按计划行事。你不需要警告和威胁孩子，只需要采取行动。

然后你的孩子就只能从朋友那里蹭烟，他很快就会受不了的。没有钱，这个习惯自然就维持不下去了。

家长们，你们不能对吸烟这件事情袖手旁观。从长期来看，它对健康的影响实在太大了，所以你别无选择。你必须马上行动。

应对之策

切断源头。

丢三落四

说实话，有些孩子可能天生就比别的孩子更没心没肺。他们很难专注于手头的事情，他们往往会半途而废，因为他们总是三心二意。

但我相信，那些看起来丢三落四的孩子是被惯出来的。当他们找不到什么东西时，妈妈、爸爸或其他兄弟姐妹就会帮他们找。

"哦，你的衬衫没挂在衣橱里？你确定吗？"妈妈问道。

孩子点了点头说："当然，我确定。"

所以即使妈妈知道她把衬衫洗了并挂在衣橱里了，但猜猜最终去查看的人是谁？不是儿子，是妈妈。她放下自己手头的事情，去照看孩子正在做的事情。现在妈妈的工作突然变成了找孩子最喜欢的衬衫。

妈妈说："哦，亲爱的，它就在那呀，和你其他的衣服挂在一起。"

于是丢三落四的男孩又赢了。他不仅让妈妈帮他找到了衬衣（如果他自己在衣橱里再多找一秒钟，就能找到了），而且成功地把她的注意力从手头的事情转向了他。换句话说，妈妈完全听命于这个丢三落四的男孩。难怪"丢三落四的男孩"一直这么"丢三落四"。他一直乐得坐享其成。

许多孩子都表现得粗心大意、丢三落四，因为他们认为让别人为他们做事情更容易。这是一种逃避责任的方式，而且他们往往总想操控别人。

为孩子做他们力所能及的事情有百害而无一利。那这是否意味着孩子半夜口渴你也不应该起床给他倒水？并非如此，你这样做是在向孩子表达你的爱。但是，如果你给孩子做家庭作业，总是在他闯祸后替他收拾烂摊子，当他说衬衫"不见了"时不让他再仔细找找，这些行为都对他无益，反而会让他变得更心不在焉、丢三落四、拒不承担属于自己的责任。这对任何人（你、他、其他家庭成员、他的老师、他的朋友或任何与他交往的人）都没有任何好处。

如果你的孩子总是三心二意，造成他三心二意的原因是什么？是因为能让他摆脱责任吗？

有些孩子心不在焉、丢三落四是因为他们患有注意缺陷障碍（ADD）或注意缺陷多动障碍（ADHD）。然而，作为一个对儿童、青少年及其父母有多年咨询经验的人，我的专业观点是，人们总是急于将这些标签贴上去，而不是去认真思考行为的目的性。如果你的孩子总是三心二意，造成他三心二意的原因是什么？是因为能让他摆脱责任吗？他的姐妹会因为讨厌他的丢三落四而替他完成工作吗？还是说，即使他自己有诸多不便但仍在坚持完成自己的事情？所以你在去咨询当地的医生和心理医生之前，应该自己做一些调查工作。你的孩子是一直都心不在焉、没有条理、无法专注，还是只在需要他做某些事的时候才这样呢？

有一些正在服用 ADD 或 ADHD 药物的孩子真正需要的是有人教会他们何为尽职尽责，何为专注认真，或者在这样做的同时接受短期药物治疗。这样的孩子有很多。因为有些孩子被诊断为 ADD 或 ADHD，于是父母就像拿到了免死金牌一样，认为自家孩子的一切不当行为都有了借口。他们可能会说："他得了 ADHD，他控制不住自己。"不，他可以，他也需要这么做。如果他现在不学会控制自己的行为，当他长大成人时，他周围的人和社会环境将"帮助"他。

现在是时候给你的青少年提供必要的帮助，让他们像健康的成年人一样生活，回馈家庭和社区，而不是充当索取者了。

应对之策

不要代劳。

固执

如果你的孩子很固执，那这种行为背后的目的是什么呢？当父母强迫孩子做某件事时，很多孩子都会表现得很固执。但为什么这个孩子要表现出固执，而不是干脆放弃让自己更轻松呢？因为固执的目的是保证他能得到父母的关注，即使是消极的关注。每个孩子都需要关注。

一个固执的孩子是在通过他的行为大声宣告："我不会成为你想要我成为的人。不可能，无论如何都没门。"

每个孩子都需要关注。

我向你保证，如果家里有一个固执的孩子，那肯定还有另一个同样固执的人和他生活在同一屋檐下。那个人会是你吗？当你看到一个倔强的孩子时，他的背后总有一个倔强的家长。孩子从某个人那里学到了这种行为，她继续这样做是因为她得到了自己想要的效果。

如果你有一个固执且态度强硬的孩子，而你以同样固执和态度强硬方式对待他的话，你是无法改变他的。你永远赢不了，因为你可失去的东西太多了，而他没有。所以不要把自己逼入死角。相反，保持冷静。不要想着报复，你该这样想："这可是个好机会。"

假设你的儿子拒绝每月打扫一次车库，而这是他应该承担的家务之一。什么也别说。让他的妹妹接手这项工作，并从他的零用钱中扣除一笔支付给她。

如果你女儿本应该去参加某项活动却突然临阵脱逃，而且拒绝事先通知相关方，那就让她自己去接活动主管的电话。事实上，你可以先给主管打个电话，让他知道你女儿不愿意打电话告知自己会缺席，但她肯定会缺席，并让他直接打电话给她，要求她做出解释。对你的儿子也一样，如果他本来应该从学校直接开车去看牙医，结果却决定和女朋友出去玩。当你接到牙医的电话时，告诉接待员："你能不能等一个小时后我儿子回来再打过来，解释一下你是谁，并告诉他你对他的爽约有多不高兴？"为了让他吸取教训，从那周的零花钱中扣除牙医收取的失约罚款。

在幕后寻求第三方的帮助，然后让现实来教他们怎么做人。

这样做非常有效，而且屡试不爽。

应 对 之 策

要有技巧。

自杀

如今儿童和青少年自杀的现象比过去普遍多了。据统计，自杀是 10 ~ 14 岁儿童的第四大死亡原因，是 15 ~ 19 岁青少年的第三大死亡原因。

在美国 15 岁以下的少年儿童中，每 10 万人中有 1 ~ 2 人自杀。在 15 ~ 19 岁的青少年中，每 10 万人中约有 11 人自杀……

每年都有 2% ~ 6% 的少年儿童试图自杀……有 15% ~ 50% 试图自杀的少年儿童以前就尝试过自杀。这意味着，在每 300 个试图自杀的人中，就有 1 人自杀成功。

如果一个孩子患有重度抑郁症，他尝试自杀的可能性是其他孩子的 7 倍。大约 22% 的抑郁儿童会尝试自杀。从另一个角度看，试图自杀的儿童和青少年患情绪障碍的可能性是其他人的 8 倍，患焦虑症的可能性是其他人的 3 倍，有药物滥用问题的可能性是其他人的 6 倍。有自杀行为家族史和持有枪支也会增加自杀的风险。

如果青少年有自杀企图，或有征兆显示青少年有自杀念头，都表明他们是在呼救。这是一种寻求关注的现象。他们想告诉你的是，"我的生活不太顺利，我自己处理不了某些问题"。企图自杀的青少年通常近期经历了某种丧失或危机，或者遭到霸凌，抑或有家人或同学自杀了。一些想自杀的青少年是以一种公开的方式试图自杀的，所以其他人会发现这一点。他们真的想死吗？通常情况下，并不是。但他们正在用自己能想到的唯一方式寻求帮助。他们在通过行动呐喊："请关注我！救救我！"

大多数在试图自杀后接受采访的青少年说，他们这样做是因为他们试图逃离一个自己似乎无法应对的情形，或试图从极度糟糕的想法或感觉中得到解脱……

有些人结束生命或试图自杀可能是为了逃避被抛弃、被伤害的感觉或严重的丧失感。还有一些人可能是因为对某事感到愤怒、羞愧或内疚。有些人可能是因为担心会让朋友或家人失望。有些人可能是因为觉得自己不被人需要没人爱，受到不公对待或成为他人的负担。

根据我的专业经验，那些真正想自杀的青少年——他们的目标是结束这一切——会成功地自杀。他们不一定会公开发出警告，而是会在一个安静、私密的地方实施他们的计划，不让任何人看到，也不希望任何人前来干涉。可悲的是，他们往往是生活中的完美主义者。

我经常谈论完美主义的危险，因为它相当于慢性自杀。如果你有一个追求完美的孩子，他的理想自我和真实自我之间会有一个巨大的鸿沟，这会导致他在生活中人格分裂。他的一切作为和能力永远不足以满足这个"理想自我"的期望。如果这种差距变得太大，青少年可能会觉得鸿沟永远无法跨越，随之产生抑郁情绪。

产生自杀企图的原因有很多，作为父母，你能做些什么来保护你的孩子呢？一定要注意孩子身上出现的变化——不，不是那种常见的、青春期特有的、分分钟都在发生的变化，而是那些越来越多、越来越明显，表明孩子有抑郁情绪、精神疾病、退缩倾向（远离朋友、家人和昔日兴趣爱好）的迹象。如果你怀疑自己的孩子在考虑自杀，任何时候都不要让他独处。立即采取行动，从医生那里寻求专业的帮助，他可能会把你介绍给合适的心理学家。

但最好的对策是父母参与沟通。那些试图自杀的孩子通常认为没有人倾听他们的心声，没有人关心他们，而且失去了与家人和朋友的联结。不管让孩子吐露心声有多难，一定要保持沟通渠道的畅通。保持冷静、多听少说。你的观察力是否敏锐可以真正决定你的孩子的生死。

应对之策

时刻警惕。

发信息

发信息已经变得越来越普遍。它是不断发展的科技世界的一部分，是被青少年所了解和喜爱的。但一定要让你的孩子知道在哪些情况下发信息是合适的，而在哪些情况下是不合适的。

当托马斯·弗里德曼（Thomas L. Friedman）在《纽约时报》（*The New York Times*）上读到一篇关于十几岁女孩使用电子设备的文章时，他深感不安，因为她一个月收发了 27 000 条信息……而且，在学习的时候或课间也经常这样做。最后导致她的成绩下滑。我们需要更好的学生，他们到学校来是为了好好学习，而不是发信息。

威尔克斯大学的教授报告说，现在学生收发信息是课堂上最大的干扰。有 90% 的学生承认在课堂上发过信息，而且近一半的人说自己可以做到在其他人不知不觉的情况下发信息。更令人不安的是，10% 的学生表示他们曾在考试期间收发信息，3% 的学生承认曾用手机作弊。心理学教授黛博拉·廷德尔（Deborah Tindell）说："现在的学生太习惯于一心多用了，他们认为发信息时处理事情的效率和不发信息时一样高。"她现在告诉学生，如果被她看到在考试中用手机，那个人就会自动得零分。

有些学校规定上课期间不准使用手机。另一些学校则具体规定了什么时候可以用手机，比如在自习室和课间可以，上课或考试期间则不可以。如果有学生选择不遵守规则，那就会被采取一定的措施。对一个以信息为生的青少年来说，一周没有手机比死还可怕。

父母一定要了解孩子发送和接收信息的类型，这一点正在变得越来越重要。

2008 年，高中生杰西将自己的私秘照发给了男友。他们分手后，男友把这些照片发给了其他高中女同学，后来她们开始骚扰杰西。杰西变得痛苦、抑郁，甚至不敢去上学。她的母亲直到很久以后才知道发生了什么事。杰西同意在辛辛那提的一家电视台讲述她的故事，希望这样能让其他人免于陷入由色情信息导致的危险当中。两个月后，因为无法应对持续不断的骚扰，杰西在自己的卧室上吊自杀。现在，因失去爱女而痛不欲生的母亲正在进行一场战斗，她在努力将杰西的故事公之于众，并警告孩子们发送色情照片和信息的危险性。

色情信息是一个日益严重的问题，美国多地都有青少年因此而被指控犯有与儿童色情相关的罪行。但对辛西娅·洛根来说，"色情信息"可能不仅仅关乎犯罪活动，它还关乎生死。

去年秋天，"美国预防未成年怀孕和意外怀孕运动"调查了青少年和年轻人发送的色情信息（通过手机发送色情内容）或在网上发布的此类内容。调查结果显示，有39%的青少年会通过手机发送色情信息或在网上发布性暗示信息，48%的青少年表示收到过此类信息。

家长们，你们看到这些数据了吗？39%的青少年在发送色情信息，48%的青少年说收到过此类信息！这意味着你的孩子很有可能已经以某种形式参与其中。其他很多人也是如此。

　　孩子们需要知道，不管一段对话看起来有多私密，它都有可能被公开。

在允许你的孩子拥有手机之前（我总是说每个青少年在开始开车时都需要手机），一定要让他们刻骨铭心地记住该如何小心使用。如果你的孩子已经有手机了，那现在亡羊补牢，为时未晚。必须让孩子们知道，不管一段对话看起来有多私密，它都有可能被公开。

这意味着你需要教给孩子一些常识，告诫他们严格遵守收发信息的准则。如果有些事情不应该当面说出来或展示给人看，那也不应该在信息中展示出来。如果他们收到了不当信息，应该立即予以删除。如果发信人是一位朋友，那应该告诉对方这样的语言是不可接受的，如果再发生这样的事情，你的儿子或女儿将不再给那个人发信息。

看看那个正和家人坐在餐厅里的孩子吧，他完全无视身边的家人，只顾着疯狂地给朋友发信息。话又说回来，如果一个孩子和他的家人坐在一起吃饭，就不应该被允许发信息。有发信息的时间，那么应该也有把手机放在一边的时间。如果他们整天都在发信息，而不是面对面和别人交流，那一定有问题。生活中的一切都需要平衡。

发信息将成为青少年生活的一部分。所以要确保他们知道以下这些安全地收发信息的指导方针。

（1）开车时不要发信息。

（2）绝对不能接收色情信息和图片。

（3）要意识到你发送的任何信息都可能被公开。

（4）在大部分时间里应该把手机收起来。

应对之策

三思而行。

退缩

为什么青少年会把自己的卧室视为避风港，蜷缩在里面不出来？每个人都需要隐私，每个人都需要休息和独处的时间。你是如此，你的孩子也是如此。放学或下班回家后的安静时间对每个人都是有益的。

但是安静的时间和退出生活是有区别的。

邀请孩子参与。

当孩子们从家庭生活中退出时，通常是因为他们生活在一个总是被命令、被指使的家庭里。如果你一直被呼来喝去，你会怎么回应？你可能会逃离这样的家庭。

一位精明的家长会用这样的话把孩子拉进家庭生活的主流："嘿，亲爱的，我需要帮助。我不知道该怎么办。我想听听你对这种情况的看法。你愿意帮忙吗？我的问题是这样的……"

这位家长想对他的孩子说什么呢？他可能想说："我觉得你是个聪明的孩子，你真的很能干，很有本事。你对我、对这个家的贡献很重要。我不知道如果没有你我们该怎么办。"

如果你有一个出现了退缩倾向的孩子，可以经常问他这样的问题："你认为我们应该怎么做？我们正在计划一次家庭旅行，我在想我们应该去哪里。你有什么想法？"

这样的表述会吸引大家的参与，也给了孩子一个加入谈话的理由。当你的孩子打开门，开始参与进来时，闭上你的嘴。不要否定他的想法，即使你认为他的建议很愚蠢。

你可以说："哇，这很有趣。再详细说说。"或者"你知道吗，我从没想过这一点。你的想法很棒。"或者"多么有趣的想法。我还会再来找你，问你更多关于这个问题的想法，你不会收咨询费的，对吧？"

鼓励你的孩子多说话，融入家庭生活。

在孩子逐渐长大并进入青春期后，就意味着他们需要更多的时间来整理自己的思想和情感、做白日梦，以及独处。这是成长过程中不可或缺的一部分。所以，尝试用一些方法让你的孩子从她的壳里爬出来，而不要让她躲起来一味地内耗。

应对之策

投入生活。

我喜欢大学的橄榄球运动。当我住在城里的时候，我每周都会去亚利桑那大学的橄榄球训练场地两三次。去训练场意味着可以观看球员们的跑动路线和训练实况。这当然不是世界上最令人兴奋的事情，你必须是一个非常狂热的粉丝才能享受训练的过程。但我就是一个实打实的橄榄球迷。所以今天，我拽着我亲爱的妻子桑德一起去了（真的是字面意义上的"拽"，她去的时候非常不情愿）。

关于桑德，有一件事你必须了解。她是一个更喜欢看美食频道或坐在她最喜欢的椅子上浏览食谱的女人。事实上，据最新统计，我们家拥有超过4 000页从杂志上撕下来的食谱。

但这次桑德最终还是答应和我一起去了。在回家的路上，因为下午5点的交通拥堵，所以我得在小道上绕一圈才能回到主干道。在我们迂回的路程中，桑德和我开车路过了我19岁第一次搬到亚利桑那州时和父母住的小房子。

突然间，关于母亲的记忆像潮水一般汹涌而至。她现在已经在天堂了。我相信，我的母亲是一位圣人。她曾以为我永远没法从高中毕业（她去学校的次数比我去的次数还多，主要是去和校长和老师讨论我的事情），但她对待我这个儿子的方式实在令人赞叹。她一直爱我，相信我（不管我做了什么），和我交流，对我有很高的期望。甚至当我初中和高中的老师们都视我为朽木而彻底放弃我的时候，我都可以把一切坦然地告诉母亲。我们的关系非常好。

即使是在那段关键的青春期里，我的母亲也竭力保持着冷静。她性格中稳定沉着的一面对我这样一个满脑子天马行空的儿子来说尤为重要。

现在，再来说说那天当我开车经过老房子时，脑子里闪现的画面。

我在 19 岁那年的一天晚餐时宣布："妈妈，我订婚了！"

我的妈妈没有当场昏过去。她只是说："哦，不错呀。亲爱的，你想再来点青豆吗？"

那时的我年少轻狂，是一个嘴里叼着烟、毫无前途的少年，当时正在当看门人，每周挣不到 50 美元。我没有真正的人生计划，高中毕业后就得过且过。在和一个女孩交往了一段时间后，我跑到百货公司订了一枚价值 200 美元的戒指，还想办法付了 20 美元的定金。我就这样订婚了……但我们的关系大概只维系了一两个星期。

我母亲处理那个小危机的方式改变了我的人生。当时她只要稍稍说我几句就能让我非常叛逆。我敢肯定，如果你的孩子做了和我类似的事，你一定想说几句。但这样做会得到什么呢？我可能会坚决和那个女孩结婚，只是为了证明我能做到。

相反，我母亲知道，我只是需要时间来整理自己的生活和所做的决定。她一直相信我，相信我会在正确的时间做正确的事。

现在回想起来，我意识到如果当时我们真的结婚了，对我和那个女孩来说都会是一场噩梦。好消息是，我后来从百货公司拿回了那 20 美元！

永远需要铭记的 4 件事

（1）你对孩子的信任很重要。

（2）你没说的话和你说过的话一样重要。

（3）在孩子的世界里，你比你想象得更重要。

（4）你放进孩子行囊中的东西会影响他们的一生。

家长们，在这段关键的岁月里，你的应对方式是一切的关键。你需要用不同的方式思考和沟通。如果你做到了，而且始终关注孩子的内心，而不是只盯着他们的外表和行为，那么你将终生牢牢抓住他们的心。

对此我理应深有了解。别忘了，我养大了 5 个孩子，每一个都独一无二。我和每一个孩子的关系也是如此。

但我永远不会忘记，当我亲爱的妻子桑德又一次告诉我怀孕时的情形……这是第 5 次了。说实话，"开心"并不是涌上心头的第一种情绪。我当时的第一反应更像是"你说什么？"是的，我确实意识到这个结果与我脱不开干系，但在那一刻，震惊控制了我 50 岁的身体。当时我们有 3 个孩子——霍莉、克里斯和凯文——正在或已经成功地度过了他们的青春期。我们的第 4 个孩子，汉娜，当时是 5 岁。当我已经开始考虑申请美国退休人员协会（AARP）的会员卡时，我们就要有第 5 个孩子了。我可以想象自己坐在助步车里，笨拙且费力地通过孩子高中毕业典礼的过道时的情景，人们会问："哦，你的孙子今年毕业吗？"那个孩子的毕业典礼和我自己的高中毕业典礼正好相差 50 年。

但那个孩子，劳伦，现在上高中了，她真的是一份恩赐的礼物。我无法想象这个世界或这个家庭没有她的样子。几个月前，她参演了戏剧《蓬岛仙舞》(*Brigadoon*)。她问我："爸爸，你打算哪天晚上来看戏？"我说："每天晚上！（一共有 5 场演出）"然后我接着说："劳伦，我真为你骄傲。"

她的反应是怎样的呢？她只是笑着说："我知道，爸爸。"

她自信的回答让我发自内心地笑了起来，因为这表明我在养育孩子方面做得很对。当我每一次和 5 个孩子中的一个见面或交谈，听到"爸爸，我爱你"这句话时，这样的感触都会更深一层。每当我的 5 个孩子想方设法地聚在一起时，每当他们把家庭活动放在首位时，每当他们回到家庭享受快乐、放松和刺激的谈话时，每当看到他们彼此真心喜欢时（对你们那些现在仍在战壕里的人来说，一定要认识到，手足之争并不会一直像现在这样让人受不了），我都会一次次产生这样的感触。

但只有和劳伦在一起时，每次听到"我爱你"我都会情不自禁地哽咽。只要算一算，我就知道，到她 38 岁的时候，极有可能不会像我现在 38 岁的长女霍莉一样，有我陪在身边了。毕竟，我现在已经 68 岁了，而劳伦只有18 岁。

但我毫不怀疑，我和桑德已经为劳伦准备了让她的人生获得成功所需要的一切，而且劳伦一定会做得很好。

这样的信心在很大程度上是因为我们尊重每个孩子，做他们可信任的搭档，允许他们做他们自己，他们有自己独特的才能和天赋。我们并不期望他们是"正常的"，也不期望他们能赶上或超越其他人。我们喜欢他们真实的样子，不管是过去还是现在。

家长们，你现在怎么做非常重要。和孩子们在一起的每分钟都非常重要。你塞进他们人生行囊里的每一件东西都非常重要，都会有所回报。所以，不要让他们的行囊里装有毫无价值的东西，比如不知所谓的忙碌、没有太大必要的活动以及别人认为应该做的事情，正所谓"授人以鱼，不如授人以渔"。

今天早上我送劳伦去上学，临别时她说："再见，爸爸，我爱你。"

"宝贝，"我轻声说，"我爱你。"

终有一天，我会离她而去，但那一天到来时，我知道她会过得很好，不管她将来会有怎样的人生际遇。

就像我的其他孩子一样。

就像你的孩子一样。

★制胜之策★

获胜者是……你和你的孩子。

倒数 10 个数，焕然一新的青少年即将闪亮登场

10. 往好处想，往好处望，往好处说。

9. 建立平等关系，做好角色分工。

8. 是谁的责任就由谁来承担。

7. 排好优先顺序：家庭优先于学业，学业优先于其他事物。

6. 用爱说真话。

5. 做搭档，不干涉。

4. 让现实教孩子如何做人。

3. 多吹彩虹屁。

2. 用心呵护亲子关系和孩子的小心灵。

1. 告诉自己"一切都会过去"。

版权声明